鉄道と国家

「我田引鉄」の近現代史 新装改訂版

小

Komu

交通新聞社新書 172

鉄道と国家 「我田引鉄」の近現代史 新装改訂版 ―― もくじ

第2章　日本の鉄道を創った政治家たち……51

第3章 「我田引鉄」で生まれた鉄道……91

第4章　政治が生み出す停車場……131

第５章　鉄路存亡を左右する政治の力……169

第6章　海外への日本鉄道進出……213

※本書に掲載している写真は、特に注記したものを除き交通新聞社の撮影・所蔵です。

新装改訂版の刊行にあたって

日本国内に張り巡らされた鉄道網は現在、およそ2万8000キロ。せわしないビジネスマンを大勢乗せて世界最速級のスピードで疾走する新幹線から、1両編成の列車がわずかな客を乗せて細々と走る地方ローカル線まで、狭い国土の中を実に多様な鉄道が走っている。その多様性は世界各国の鉄道事情に照らしても大いに魅力的であるというのが、日本国内から世界各国まで合わせて地球2周分以上の鉄道路線に乗った私の所感である。

ただ、路線単独での営業収支が赤字必至のローカル線が存在しているのは、市場経済の原理からすれば本来はおかしい。資本主義国家の我が国でそれが存続し得ているのは、たとえ株式会社が運営する鉄道であっても純粋な経済原理以外の要素、すなわち採算のみを存廃の指標としない公共交通機関としての性格をも基盤としているからにほかならない。そして、公共性が鉄道に不可欠の要素である以上、その存廃が政治の力に左右されるのは宿命とも言える。

特に、公共事業と言えば道路やダム建設といった大規模事業が他にもある現代と異なり、航空機が発達しておらず、自動車社会でもなかった時代においては、鉄道の持つ社会的意義は今日に比べてはるかに大きかった。ゆえに明治以来、我が国では鉄道の敷設事業はインフラ整備の筆頭格であり、経済事業ではなく社会政策事業として政治と密接に関連し続けてきた。そのような鉄道と政治との結び付きについて、鉄道史を繙き大小のエピソードを拾いながら考えてみようというのが、平成24（２０１２）年に講談社現代新書より刊行した本書の旧版の着想であった。本書は、その旧版に若干の加筆・修正を施した11年ぶりの新装改訂版である。

もっとも、政治家が鉄道政策に介入してその実現に助力したり政策変更に影響を与えたりしたとき、往々にしてその路線は「政治路線」などと揶揄されるが、本書はそうした見方には与しない。詳しくは本文に譲るが、日本の鉄道は成立当初から政治的要素を強く帯びており、広義ではほとんどが「政治路線」と言っても過言ではない。中央政府的視点と当該沿線地域からの視点が対立する場合に、どちらの見解が正しいのかを客観的に確定するのはほぼ不可能であろう。あくまでも、まずは個々の史実を知り、他の史実と比較した上で、読了後に政治と鉄道の適度な距離感について考えるきっかけとなれば幸いである。

鉄道と政治にまつわるエピソードは数多い。その中から、本書では各章ごとに設けたテーマに即して具体的な事例を選び、類似の事象や人物をクローズアップすることは極力避けた。

ただし、第3章第3節と第5章第1節は、ともに田中角栄という同一人物が主役になっている。整備新幹線問題と赤字ローカル線問題という、それぞれ独立の鉄道政策として論じられるべき領域の双方で象徴的存在となっており、どちらにおいても彼を無視するわけにはいかない。田中角栄という政治家の、我が国の鉄道史における比類なき存在感の大きさを示すものとして、重複登場を許容した。

東日本大震災の翌年に講談社から刊行した旧版は、幸い読者の好評をいただき、増刷を繰り返した。このたび、同社との出版契約の期間満了を受けて、交通新聞社新書から新装改訂版として再び世に出すにあたり、本文全体を再度見直し、一部の節は改稿を行っている。表現の修正や誤解の訂正だけでなく、11年間の社会情勢の変化等を踏まえて、自身の見解や認識を改めた論点もある。旧版をお読みいただいた方にとっては、既読の内容と未読の部分が混在することになり申し訳ない気持ちもあるが、ご容赦いただければ幸いである。

11年前に書いた自著が、リニューアル化されてさらにいくらかの生命を永らえることになったのは、昨年6月、交通新聞社新書から上梓した『「日本列島改造論」と鉄道―田中角栄が描いた路線網―』がきっかけであった。同書は、本書の旧版で触れていた『日本列島改造論』の鉄道に関する分析をより深く掘り下げることを目的として書いたのだが、それから1年後に、まるで原点へ回帰するかのように交通新聞社新書から新装改訂版を出すことになるとは予想していなかった。貴重な機会を与えていただいた交通新聞社出版事業部の太田浩道氏に、心より御礼を申し上げる。

令和5年6月

著　者

本書は『鉄道と国家－「我田引鉄」の近現代史』（講談社現代新書　２０１２）をもとに修正・再構成を行うとともに、第６章を大幅に書き改めています。

第1章

鉄道は国家百年の大計

1　狭軌を選択した背景

狭軌選択の影響は百年の時を超える

「鉄道の線路の幅をどのくらいの広さにするか」

これは、一つの国家の向こう百年以上における交通輸送体系の根幹を左右する大問題である。当たり前のことだが、線路の幅、すなわち軌間が違うと車両は直通しない。したがって、鉄道を交通ネットワークの基盤として有効活用するのであれば、軌間は最初に決定した規格に揃える必要がある。

軌間が広ければ、その分、車両も大きくなり、一度に輸送できる貨物量や旅客数が増える。また、車両の足元が広ければ安定度は高まり、列車はより速いスピードを出すことができる。

もっとも、線路や車両など、全ての建設規格が大きくなるということは、それだけ建設費用が余計にかかることを意味する。車両が重くなるので、それを支える施設もより頑丈に造らなければならない。必要な用地面積も拡大する。

この軌間の問題に、日本の鉄道は明治の鉄道創業以来、１５０年以上が経った今なお直面し続けている。東海道をはじめとする新幹線はいわゆる国際標準軌（軌間４フィート８・５インチ＝１４３５ミリ）であるのに対して、国内の鉄道ネットワークの中核を成すＪＲの在来線は、それより狭い狭軌（軌間３フィート６インチ＝１０６７ミリ）が原則となっているからだ。

だから、「新幹線を建設する」ということは、軌間が異なる新線を新たに造るか、既存の在来線を標準軌に改良することを意味する。前者は「フル規格方式」、後者は「ミニ新幹線方式」などと呼ばれる。鉄道に格別の関心がない人でも、新聞やテレビ、インターネット上の各種メディアが報じる整備新幹線計画に関するニュースの中で、フル規格とかミニ新幹線といった用語を見たり聴いたりしたことのある人は少なくないだろう。東海道・山陽・東北・北海道・上越・北陸・九州・西九州の各新幹線は前者であり、山形・秋田の両新幹線は後者である（ただし、後者はあくまでも在来線の改良であるため、法的には「新幹線」としては扱われず、新幹線のみを対象とする特別法などは適用されない）。

ミニ新幹線方式を採用する場合、改軌工事によって既存の在来線に大きな影響を及ぼすことが多い。秋田新幹線を構成する田沢湖線は、地元客が毎日利用する通勤・通学時の列車も含め、1年間にわたり全線で全ての列車が運休した。山形新幹線では、在来線である奥羽本線の福島〜新庄間を標準軌に改軌した結果、新幹線車両以外のローカル列車がこの区間外へ一切直通できなくなり、全国各地からの貨物列車も運行できなくなってしまった。

このような不便を解消するために、フリーゲージトレイン（軌間可変電車。軌間が異なる区間を直通できる構造の車両）の実用化に向けられた研究や開発が長期間進められてきた（ただし、令和4〔2022〕年に開業した西九州新幹線では、最終的に導入が断念された）。だが、そもそも日本の鉄道が明治5（1872）年の新橋〜横浜間開業当初から標準軌で建設されていたら、現代においてそうした技術開発に精力を注ぐ必要はなかっただろう。改軌に伴う長期運休や直通運転中止といった弊害も起こらなかったはずだ。鉄道草創期における線路の幅についての決定意思が、150年以上後の我が国の交通網整備構想にまで多大な影響を及ぼし続けているのである。まさに、軌間の決定は国家百年の計を成していたと言っても過言ではない。

「ゲージとは何だ」

では、いったいなぜ、日本の鉄道は狭軌で建設されたのか。この疑問は、鉄道史学の世界では長い間議論の対象とされ続けている。

狭軌での建設を決断したのは、当時、民部大輔と大蔵大輔（大輔は現在の次官級）を兼任していた大隈重信であったとされている。大隈は、民部少輔と大蔵少輔（少輔は現在の局長級）を兼任していた伊藤博文とともに、政府内で鉄道建設事業を積極的に主張・推進していた。

その大隈が明治３（１８７０）年、鉄道建設のために政府が雇った（いわゆる「お雇い外国人」）イギリス人顧問技師長エドモンド・モレルと初めて会ったとき、モレルからまず問われたのがゲージ（gauge）、つまりこの軌間の問題だった。軌間を決めなければ、建設する鉄道の規格全体が決定できない。ところが、当時の大隈や伊藤にはそれがすぐには理解できなかった。

この大隈とモレルとのやりとりについては、大隈自身が後年に回想している。

「濠洲の鐵道を造つたモレルと云ふ英國人の技師を傭つて來てどんな鐵道を造るかと訊くと、ゲージはどうしませうと云ふ、ゲージとは何だ（笑）と云ふやうな有様で、段々外國人の説明で略ゝ解つて來た。乃で元來が貧乏な國であるから軌幅は狹い方が宜からう。世界にソンナのがあるかと訊いたら濠洲に昨年出來たばかりで中〻評判が宜しいと云ふソンナラ濠洲のものに倣つて造つたら宜からう、それで決まつた」(『帝国鉄道協会会報』第21巻第7号(大正9〔1920〕年9月発行)の「大隈新会長歓迎晩餐会」における「会長大隈侯爵の答辞」)

このモレルとの会見当時、大隈は実物の鉄道を見たことがなかった。伊藤は長州藩時代の訪英の際に鉄道の実見経験はあったと思われるが、鉄道システムそのものについての十分な知識があったとは考えにくい。一方、モレルはオーストラリアやセイロン島(現・スリランカ)で狭軌鉄道の建設に従事した経験を持っており、日本でも狭軌での建設を考えていたことを示す書簡が残されている。

これらの諸事情に鑑みれば、「日本政府当局者に軌間についての知識がなく、イギリス側の提案をそのまま認めたという説」(『日本国有鉄道百年史 第1巻』昭和44〔1969〕年)にはそれなりに説得力がある。

一方、「大隈は、すべて分かったうえで狭軌を採用した可能性のほうが高い」とする主張もある(長谷川裕「大隈重信 140年前の『狭軌』採用の功罪」『SAPIO』2010年5月26日号)。当時の日本政府には、国際標準軌を採用してヨーロッパ並みの本格的な鉄道を建設する資金はなく、狭軌での建設は現実的な選択だった、というのがその理由である。この財政的理由による建設費の節約という事情も、『日本国有鉄道百年史』は推論の一つに挙げている。『日本国有鉄道百年史』は、こうした推論をいくつか列挙しつつも、結論としては「政府が軌間の決定にさいして、狭軌の3フィート6インチを認めた決定的な理由は明らかでない」と記すにとどまっている。

軌間の知識なく狭軌を選択

大隈の前記答辞はあくまで50年後の回顧談であり、狭軌選択当時の当事者による記録がない以上、真実は結局推測するしかない。その上で私見を述べれば、自身によるこの回顧通り、大隈は軌間についての十分な知識を持たないまま狭軌を採用してしまった、という説の方が正しいと考える。

仮に、可能であれば標準軌の鉄道を望みつつもその時点での政府の財政難を理由に狭軌を選択したというのであれば、将来の軌間拡大を見越した建設という選択肢もあった。トンネルや橋梁、築堤など、後から根本的に改良することが難しい基盤施設だけは標準軌を想定して建設しつつ、線路や車両は当面狭軌とする方法である。

青函トンネルを通過する快速「海峡」（平成10年）。新幹線が通れる規格で建設されたが、北海道新幹線が開業するまで28年間にわたり在来線として使用された

実際、明治後期から標準軌への改築論が主張されるようになると、標準軌規格に対応できるトンネルや橋梁が、具体的な改軌計画に先行する形で、いわば『フライング』によって建設された」（岡雅行・山田俊明〔編〕『ゲージの鉄道学』古今書院、平成14（２００２）年）。台湾東部で大正末期に日本が建設した幹線（台東線）は、当初は軌間７６２ミリの軽便鉄道だったが、将来の改軌を見越してトンネルなど全ての構造物を１０６７ミリ仕様で造っていたため、開業から半世紀以上経った昭和57（１９８２）年に台湾政府の手で改軌が実現した。平成28（２０１６）年に開業した北海道新幹線も、昭和63

（1988）年の開業以来4半世紀以上にわたり狭軌の在来線として運行されてきた青函トンネルが、もともと新幹線開通を見越して標準軌仕様で建設されていたからこそ実現したのである。ちなみに、青函トンネルとほぼ同時期に完成した瀬戸大橋も、現在走っているのは狭軌の在来線だが、実現するかどうかはともかく、標準軌の新幹線も走れるように設計されている。

いかに財政難とはいえ、鉄道がもたらす経済的・軍事的役割の大きさ自体はある程度までは認識していたであろう大隈らが、軌間の広狭がもたらす諸機能の差異や、後から軌間を変更することの難しさなどについても十分な認識を持っていたのであれば、こうした折衷的なプランが検討されてもおかしくない。それが、モレルから最初に問われたときには即答できなかったとしても、その後も日本政府から軌間について何ら意見を述べることがなかったということは、やはり、大隈や伊藤が軌間の重要性を認識していなかったと考えるのが自然ではなかろうか。

なお、大隈自身は大正9年の前記答辞において、

「唯茲（ここ）に遺憾な事は吾〻無識にして狭軌鐵道採用に決したのはどうも間違であつたかと思

ふ。（中略）眞に學理を應用したところの技術家としては何としても廣軌が好いのではないかと思はれる。吾輩素人ではあるがスタンダード・ゲージは、殆ど全世界の重なる鐵道に之を採用して居るのである。故に理窟の上からは廣軌でやつたが宜からうと思ふ。併し今更愚痴を零したところで仕方がないから狭軌は狭軌で往くより仕方がない」

と述べており、50年前に下した自身の狭軌採用の判断が誤りであったと自ら認めている。

軌間問題に優越した政治的動機

この大隈の回顧談は、帝国鉄道協会の副会長であった日本初の工学博士・原口要による会長就任歓迎の挨拶を受けてなされた。その原口の挨拶の中で、大隈が何を考えて鉄道建設を推進したのかを解説している件がある。

「何か人を驚かすに足るべき新事業を起し。（ママ）文明の例證を示し、以て天下の人心を一變して新政に向はしむる必要がある。夫には鐵道を創設するが最上策と云ふ事になつたのである。要するに我國の鐵道は交通上の必要よりは新政施行の便宜を圖る手段として始められたのであると云ふことを私は承って居ります」

明治新政府の誕生直後、大隈は鉄道建設について伊藤や井上馨らと重ねた議論の中で、「天下の耳目を一新する事業を興し、封建の舊制を打破らなければならぬ」（『大隈侯八十五年史 第1巻』大隈侯八十五年史編纂会、大正15〔１９２６〕年）と主張していた。

すなわち、江戸時代まで藩ごとに独立していた旧来の封建施政を中央集権制へと改めるには、相互の交通を円滑にして封建勢力の地域的拘束を打破する必要があり、そのために鉄道が有効な役割を果たすと考えた。また、「封建的割據ノ思想ヲ打砕クニハ餘程人心ヲ驚カスベキ事業ガ必要デアル」（『帝国鉄道協会会報』第3巻第7号（明治35〔１９０２〕年発行）の「第五次定期総会ニ於ケル名誉会員大隈伯爵ノ演説」）として、文明の利器である鉄道が民衆に強いインパクトを与え、近代化を図る明治新政府へ人心が収斂（しゅうれん）される効果をも狙っていたという。当時、対民衆施策を含む国内行政を総合的に担う民部省の高官であった大隈らしい発想である。

さらに、この鉄道建設は、西洋列強に対する不平等条約改正の交渉を有利に進展させるべく、「文明開化の外見を作り出す」ものとして「もっとも目につく形で効果を発揮し得る手段」（田中時彦『明治維新の政局と鉄道建設』吉川弘文館、昭和38〔1963〕年）とも捉えられていた。それは、横浜で行われた新橋～横浜間鉄道開業式における明治天皇の外国側商人代表への勅答にある「我カ國歩ヲシテ文明ニ向ハセント猶此事業ヲ盛大ニシ」（『日本鉄道史 上篇』鉄道省、大正10〔1921〕年）という一節から窺える。後年建設された鹿鳴館の存在からしても、そのような発想は十分に推察し得るし、「人心へのインパクト」という意味では、インパクトを与える相手が国民か外国人かの違いだけで、手法としては同じである。

このように、大隈らをはじめとする鉄道建設推進派は、鉄道建設をその経済性や軍事的有用性よりも、明治新政府による政権運営の円滑化や外交交渉の進展を図るための有効な手段としての側面を重視していたように思われる。鉄道を建設することそれ自体については同志たちとの間で熱心な議論と熟慮を重ねたにもかかわらず、軌間のように長期的視野からその意味や効果を判断すべき具体的な鉄道システムについてはさしたる関心が払われなかった点も、彼らの中で鉄道建設事業がそのように捉えられていたと見る限り頷ける。当面の政権運営に資する効果を望むのであれば、線路の幅がいくらであれ、とにかく造って実際に走らせること自体が重要だからだ。鉄道史家の原田勝正は、「とにかく削られた額でよいから着工してしまえという姿勢で大隈らは事に臨んだのであろう。急ぎに急いだ彼らの『政治的要請』がそこには読み取れる」と指摘している（『日本鉄道史―技術と人間―』刀水書房、平成13〔2001〕年）。

日本の鉄道建設が狭軌で始まった決定的理由は推測で語るしかないとしても、その決定の背景にかような政治的意思の存在があったことは間違いない。「交通上の必要よりは新政施行の便宜を圖る手段として」新橋駅から汽笛の第一声を上げた我が国の鉄道は、その誕生時からすでに、経済性よりも政治性を強く帯びていたのである。

2 「国有鉄道」の成立と消滅

〝私鉄〟の登場

日本の鉄道建設が、明治政府による中央集権体制の確立・強化や外交交渉の進展といった政治的目的をもって始まったことの当然の帰結として、その建設・経営は政府が担う官設・官営方式が採られた。これは、産業革命の推進に伴って民間企業が鉄道敷設の主役となった欧米諸国の傾向と大きく異なる。

もちろん、日本の場合は、そもそも鉄道を敷設するような民間企業が明治初期にはまだ存在しなかったことも一因ではある。だがそれだけでなく、創業期の鉄道管轄当局の首脳部には、鉄道事業を民間へ委ねることへの警戒感が強かった。

その代表的論者が、〝日本の鉄道の父〟（52ページ）と称せられる井上勝である。明治4（1871）年に鉄道頭（てつどうのかみ）に任ぜられ、後に鉄道庁長官も務めるなど、長く鉄道事業を主宰する立場にあった井上は、明治16（1883）年に鉄道局長として工部卿へ宛てた上申書の中で、私設鉄道の弊害を以下のごとく列挙している。

①建設計画が採算性により左右される。
②鉄道独占の弊害を生む。
③投下資本の膨張を恐れて改良を行わない。
④競争線建設の恐れがある。
⑤一地方の利益を目的とする建設は、全国的計画にとって障害となる。
⑥各社ごとの運営費が膨大となり、各社間の紛争が絶えない。
⑦地方私鉄は輸送拒否という手段でその地方の利用者を威嚇し、公共性を失う可能性がある。
⑧非常事態に際し、運賃の引上げにより暴利を図る可能性がある。
（『日本国有鉄道百年史 第2巻』昭和45〔1970〕年）

これらの弊害は、私鉄が主流だった欧米で当時すでに顕在化していた。特に①・③・⑤などは、現代の日本の私鉄にも内在し得る普遍的な問題点と言ってもよい。『日本国有鉄道百年史 第2巻』はこのような井上の指摘を「幕末の時期にイギリスに留学し、維新以後鉄道創業にさいしてイギリスから知識を得ていたかれにとって、これら先進国における弊害は再び日本において繰り返してはならない事柄として意識されたものと思われる」と推測する。

しかし、明治政府による鉄道建設計画は、西南戦争（明治10〔1877〕年）後の財政難などにより停滞。このため、民間資本による鉄道建設計画が徐々に具体化し、政府も財政危機打開のための官営企業の払下げ実施を契機に私鉄を認める方向性へと傾いていく。

そうして明治14（1881）年、岩倉具視らによって設立された日本鉄道株式会社が、我が国初の私設鉄道会社として認可された。もっとも、実際の建設工事を政府が代行したり、開業後も保線や運転を鉄道局が受託したり、50年後に政府が鉄道を買い上げる権利を認めさせるなど、鉄道官設主義の影響が随所に見られる半官半民的な性格を有していた。日本鉄道の設立認可が、あくまでも政府の財政難による例外であったことの現れである。

上野から熊谷方面（現・高崎線）、及び大宮から宇都宮、仙台、青森方面（現・東北本線）へ路線を拡大したこの日本鉄道は、政府の保護を受けたがゆえに、営業成績は良好だった。そのため、私鉄建設の機運は民間に高まり、全国各地で民間企業による鉄道建設が計画されていくことになる。私鉄会社の経営に熱を上げる風潮が起こり、新聞等には「鉄道熱」という言葉が躍ったという。

鉄道国有論の台頭と鉄道敷設法の制定

ところが、それらの私鉄計画のうち、実際に路線を開業した会社は3割に満たなかった。投機的性格を持つ計画が多く、鉄道としての条件不備や資金難といった事情によって事業免許が取り消されたり、中には仮免許さえ受けられない会社まであった。

そこへ明治23（１８９０）年、我が国初の経済恐慌が発生すると、鉄道経営が不況によって苦しくなった私鉄経営者などを中心とする民間人から、鉄道国有化論が強く沸き起こった。鉄道を自ら私有して利益を得るのではなく、国家が統一的な鉄道政策を確立し、それに基づいて国が鉄道を建設することによって各地方の産業の繁栄を図り、それによって利益を得ようという姿勢に、多くの民間企業家が転換したのである。

こうした動きは、もともと鉄道事業に対する政府の強い統制を希望していた井上をはじめとする鉄道当局の方針に合致していた。かかる情勢下にあった明治24（１８９１）年、鉄道庁長官の井上は「鉄道政略ニ関スル議」を内閣総理大臣へ提出。鉄道の建設計画は経済政策や国防上の観点から全国規模で政府が行うべきであり、現存する私鉄は「抑（そもそも）鐵道ハ其性質上郵便電信ノ二業ト齊（ひと）シク最モ公共一般ノ用ニ供スルモノ」であって「國家的事業トスルノ最モ其性質ニ適合セル」ことから政府が買収すべきと主張した。

この意見書をもとにした政府法案が帝国議会での激しい議論や修正の末に、鉄道敷設法として可決・成立する。ここに、「我が国の鉄道は政府自ら建設する」という原則が、初めて法律という形で政策として確定したことになる。現在のJR各線を成す全国の路線網は、このとき、国内全体の統一的な国土交通計画の一環としてその原型が誕生したことになる。

鉄道国有化の完成

もっとも、鉄道敷設法で政府が予定線として掲げた路線でも、帝国議会の協賛を得れば私鉄による敷設が認められていた。このため、実際にはその後も私鉄が鉄道建設や輸送事業を担い、日露戦争直前には私鉄の総距離数が官設鉄道を大きく上回っていた。

このことは、国内全体の鉄道輸送力の増強に私鉄が大きな役割を果たしたことを意味する。と同時に、この時期の私鉄の存在は、鉄道事業における旅客サービスの向上にも大いに貢献したと言ってよい。

名古屋～大阪間では官設の東海道線と関西鉄道（現・JR関西本線）との間で、スピードアップや運賃の割引、弁当の無料配膳に至るまで、熾烈なサービス合戦が繰り広げられた。神戸～下関間で開業した山陽鉄道（現・JR山陽本線）では快適な瀬戸内海航路との

山陽鉄道の食堂車。瀬戸内海航路との競争下で同鉄道が導入した先駆的なサービスの代表例とされる（所蔵：鉄道博物館）

競争下にあって、日本最初の食堂車や1等寝台車の連結、列車ボーイの添乗、駅の赤帽の設置などを次々に実施し、それを知った官鉄が遅れて同じサービスを始める……という例が少なくなかった。「民営鉄道の方が旅客サービスに長じている」というのは、国鉄がJRに転じる100年も前から不変の原理のようだ。

だが、短いながらも一時代を築いた私鉄の興隆は、明治30年代の景気停滞と日露戦争の開始によって終焉を迎える。日露戦争の勃発による鉄道国有の要請は主として軍部によるものだが、経済情勢が鉄道の国有化論を呼ぶという流れは、鉄道敷設法の成立時に似ている。これは、先進的なサービスを誇った山陽鉄道でさえ政府からの補助金に支えられて建設されたように、もともと当時の私鉄が「イギリスその他の諸国における私設鉄道のあり方とは異なり、国家に依存し、その補助ないし保護を受けるという性格が強かった」（『日本国有鉄道百年史 第3巻』昭和46〔1971〕年）からであろう。財界の実力者・渋沢栄一が従来の反対論を翻して国有賛成の意見を表明するなど、民間企業家の間でも鉄道国有の方針が徐々に支持されていった。

日露戦争を踏まえた政府の鉄道国有化方針の意図は、戦争終結からわずか3ヵ月余り後の明治38（1905）年末に閣議へ提出された「鉄道国有ノ趣旨概要」に見ることができる。そこには鉄道を国有化する必要性として、①産業振興、②外国人の鉄道株式所有による弊害防止、③日露戦争後の財政整理の利便、の3点が挙げられている。②は軍事輸送の機密保持だけでなく、鉄道を国有財産として新たな外債の担保にする可能性を生み出すという③の見地から事実上の外国資本の進出を防ぐ、という意味も併せ持っている。

かくして翌明治39（1906）年3月、帝国議会で鉄道国有法が可決・成立した。これにより、関西鉄道や山陽鉄道を含む全国の主要幹線は次々と政府に買収され、国有化されていく。井上勝らが当初より一貫して主張していた通り、我が国の鉄道は国の一元的な国土交通政策に基づいて発展させていくという原則が、この鉄道国有法の成立によって明確に定まったのである。

第2次世界大戦下における私鉄買収

鉄道国有法による私鉄の買収は明治39年と同40（１９０７）年にかけて大々的に実施され、概ね所期の目的を達したが、その後もう一度、政府による大々的な私鉄買収が行われた時期があった。第２次世界大戦での戦局が厳しくなりつつあった昭和18（１９４３）年から同19（１９４４）年にかけてのことである。

鉄道の国有化に限らないのだが、戦時体制という非常事態は、皮肉なことに、行政組織の思い切った改編や効率化・簡素化が最も進みやすい時期と言える。このとき、政府はそれまでの国土交通網の整備という鉄道国有法の趣旨に基づく買収方針を変更し、戦時陸運非常体制の一環として、地方鉄道のうち特に軍事上必要なもの、特殊港湾地帯に属するもののうち国有とすることの適当なもの、幹線交通網整備上必要なものを買収している。

買収対象となった路線を見れば、この私鉄買収の性格がよく分かる。神奈川県の鶴見臨港鉄道（現・ＪＲ鶴見線）、山口県の宇部鉄道（現・ＪＲ宇部線）や小野田鉄道（現・ＪＲ小野田線）などは明らかに軍需工業地帯の臨港線であるし、長野県から愛知県にかけて４

つの私鉄によって結ばれていた路線を全部まとめて国有化した飯田線（豊橋～辰野）は、東海道本線と中央本線を結ぶ短絡線として軍事輸送上の必要性が認められたのであろう。まさに、それまで例のなかった「純然たる戦時的見地」（『日本国有鉄道百年史 第10巻』昭和48〔1973〕年）に基づく買収であった。

なお、この2年間で国有に帰した路線の大半は、今もJRの地方ローカル線や都市部の支線として営業運転が続けられている。

戦後最大級の政治改革だった国鉄民営化

日本が第2次世界大戦に敗れた後、国営鉄道事業の運営は新しい事業体である日本国有鉄道（国鉄）に引き継がれたものの、国の予算で運営される公共事業であるという原則に変わりはなかった。

この原則を大きく転換したのが、昭和62（1987）年4月に実施された国鉄の分割・民営化である。表向きは膨大な累積債務を解消して経営改善を図ること、その裏では国鉄労働組合（国労）の解体などをも企図したとされた、戦後日本最大級の政治改革であった。

この改革で、全国の国鉄路線は6地域の旅客鉄道会社と全国一元運行の貨物鉄道会社に

国鉄分割・民営化の初日、大阪駅で行われたJR西日本誕生セレモニー（昭和62年）

分割され、それぞれの会社は株式会社の形態を採った。我が国の鉄道運営の根本原則として施行され続けてきた鉄道国有法は、公布から81年と1日後の昭和62年4月1日をもって正式に廃止された。それは、新橋〜横浜間の開業以来116年目にして初めて、日本の鉄道事業が民間企業の運営に全面的に委ねられた瞬間であった。

　ただし、株式会社といっても、当面は政府が全株式を所有する特殊会社とされた。本州のJR3社（東日本、東海、西日本）、及びJR九州は平成28（2016）年までに全ての株式が上場されて完全民営化が実現したが、JR各社に事業経営への指導・勧告や命令等を行える権限は国土交通省に残されている。現在も特殊会社であるＪＲ北海道・ＪＲ四国・ＪＲ貨物も含め、ＪＲ各社は、自社が手掛ける鉄道事業が公共的性格を有していることに基づいて政府の統制を受ける特殊な事業体なのだ。

国鉄の民営化による功罪は、現在の利用者である私たち自身に関わる問題でもある。国鉄末期にはしばしば国民から非難された国鉄職員の横柄な態度が、民営化によって一般のサービス業らしく改善された、とはよく聞く話である。国鉄末期には頻繁に実施された運賃値上げや大型ストライキも、民営化後は滅多に行われなくなった。

一方で、並走する競合他社との激しい競争や過度のコスト重視姿勢は、安全対策の不備などを招きやすくしているとも言われている。平成17（２００５）年の福知山線脱線事故でそれらの点が当時、多くのマスコミから指摘されたことは、未だ記憶に新しい。明治16年に井上勝が指摘した「投下資本の膨張を恐れて改良を行わない」という「私設鉄道の弊害」が、１２２年後の平成の世で具現化してしまったとも言える。

国有鉄道を民営化するという方策は、鉄道経営に苦しむ世界の鉄道先進国に注目された。鉄道発祥の国・イギリスでは、日本より7年遅れて、１９９４年に国鉄が複数の企業に分割され、１９９７年までに完全民営化された。線路や駅などのインフラ管理と列車の運行管理とが別々の組織によって行われる上下分離方式が導入され、20社以上の列車運行会社の間でサービス競争が起こり、鉄道利用者は増加した。

だが、民営化されたインフラ管理会社による安全管理業務の省力化や、老朽施設への設備投資控えなどによって、大規模な列車事故がしばしば発生するようになった。そのため、財政的に行き詰まったインフラ会社は、２００１年に事実上再国有化されるに至っている。

さらに、列車運行会社の中には当初の予定ダイヤ通りに列車を運行できず、遅延や運休を頻発させるケースも出現。民営化から20年を経て、こうした会社の運営を国営企業が担う例も実際に発生している。これらの状況から、イギリスでは国鉄民営化が破綻を迎えたとの評価を受けることもある。

もちろん、イギリスと日本とでは、同じ国鉄民営化と言ってもその後の鉄道運営スタイルはさまざまな点で違いがあり、全てを同一視することはできない。ただ、国策として長く国の管理下に置かれ続けた日本の鉄道を、北から南まで全面民営化するという政治上の大英断については、38年弱だった国鉄の歴史の長さをＪＲ発足後の期間がまもなく超えようとしている今、こうした海外の例などにも照らしながら、総合的、歴史的な検証をしてもいい時期に来ているのかもしれない。

3　軍と鉄道

当初は鉄道建設に消極的だった

明治５（１８７２）年９月12日（新暦・10月14日）、我が国初の鉄道が新橋〜横浜間に正式開業し、明治天皇御臨幸のもとに開業式が催された。天皇は新橋駅での式典後、内外の高官を従えて新橋から特別列車で横浜まで乗車。このとき、日比谷練兵場（現在の日比谷公園）では近衛砲兵隊による祝砲１０１発が、品川沖に停泊する帝国海軍の軍艦からは21発の礼砲が轟いた。

同年２月に前身の兵部省（ひょうぶ）から陸軍省・海軍省として独立したばかりの両軍が揃ってこの鉄道開業を祝ったというのは皮肉な話である。というのは、兵部省は当初、この路線の建設に反対していたからだ。

明治３（１８７０）年４月、兵部省は太政官（だじょうかん）に対し、浜離宮周辺を海軍用地として譲り受けたい旨を請願した。ところが、民部省がその１週間後に同地を鉄道停車場とする工事を開始。兵部省は太政官に抗議して停車場用地の変更を求めたが、太政官は回答せず、そ

旧新橋停車場に保存されている０哩標識（著者撮影）。日本の鉄道はここから始まった

の間も工事は進行した。そこで同年６月、これに反発した兵部大輔・前原一誠が個人の名で、次いで兵部省として鉄道建設反対の建議書を太政官に提出したのである。

後から出された兵部省の建議書は、商業地として造成計画のある築地付近に停車場を設けると、外国人がやって来て日本人との間で不測の事態を起こし、それが外国軍隊の東京駐留の口実となりかねないことや、兵部省が予定している海軍基地設置計画に対して鉄道用地が障害となることなどを具体的に論じている。これに対して前原の建議書は、国防の充実を優先せずに短距離の鉄道建設に巨額の費用を投入するのは不当であることなどが綴られていて、「まるで旧時代の士族の不満を代弁しているかのよう」（竹内正浩『鉄道と日本軍』ちくま新書、平成22〔２０１０〕年）とも評されるが、同年末に西郷隆盛が政府に提出した意見書にも、現在の国力に鑑みれば鉄道事業は中止して兵力の充実に努めるべき旨が記されている。

このため『日本国有鉄道百年史 第1巻』は、前原、兵部省いずれの反対論も、「単純な排外主義に基づくものではなく、国防のための軍事施設優先という立場からなされたものであり、鉄道の建設自体に反対するというものではなかった」と捉えている。だが、少なくとも鉄道創業前において、日本の軍部は鉄道の積極的軍事価値をまだ正確に理解できていなかったことが窺える。

とはいえ、草創期の鉄道に軍事的性格が皆無だったわけではない。陸軍省は新橋～横浜間の開業当初から兵隊の優先輸送を希望。一般輸送の利便を図るため、逆に平時の兵隊乗車差止めを求めた工部省との調整の結果、政府は工部省の差止め要求を認めなかった。これは、「政府において、必ずしも鉄道の軍事施設的意義が優先的に評価されていたこと」も、「軍事施設的意義がまったく没却されていたこと」も意味せず、「政府は『非常鎮静』の場合は特例として軍事施設的意義を重視」する意思があったことを示しているとされる（前掲『明治維新の政局と鉄道建設』）。

西南戦争で鉄道の有用性を認識

我が国の軍部が鉄道の軍事的有用性を強く認識したのは、明治10（１８７７）年に勃発した日本最後の内戦、西南戦争がきっかけである。新橋〜横浜間や京都〜神戸間の鉄道は、政府・軍部の要請に全面協力して兵員や軍需物資をフル回転で輸送した。この初めての軍事輸送体験を経て、軍部の鉄道に対する関心が急速に高まったのだ。

さらにその後、フランス軍制を採用していた日本の陸軍が、そのフランスを普仏戦争で打ち破ったプロイセン（ドイツ）軍制に転換。そのプロイセンが普仏戦争で鉄道を軍事輸送に活用したことから、陸軍でも鉄道軍事輸送のあり方に注目するようになった。

その意向が顕著に及んだ初期鉄道政策の代表例が、東京と京都を結ぶ幹線鉄道のルート選定問題であった。すでに明治初年から、東海道と中山道のどちらに幹線鉄道を敷設するかの調査活動は進められていたが、西南戦争などの影響で計画が滞っていた。

明治16（１８８３）年になってようやく、政府は中山道ルートで幹線鉄道を建設することを内定したが、この決定には陸軍の実力者であった山県有朋の影響力が大きかったと言われている。山県は当時、鉄道局の上部機関である工部省の工部卿（「卿」は現在の大臣）代理も兼務しており、中山道ルートを早期に国営鉄道として敷設することが軍事上有益とする陸軍首脳の意向を鉄道政策に及ぼしやすい立場にあったと言える。

　中山道を幹線鉄道に望む陸軍の考えは、沿岸部の路線は海上からの攻撃を受けやすく、敵軍上陸時には逆に利用される可能性もあることなど、デメリットの大きさに着目したものだった。また、東海道ルートを選択した場合は横浜以西の新規着工を必要としたが、中山道ルートの場合はすでに東側は東京〜前橋間、西側は長浜〜大垣間の着工が決まっていたため、新規着工は高崎〜大垣間だけでよく、早期敷設に都合が良いという事情もあった。

　結局、この中山道幹線案は、地形上の悪条件が多く建設上も開通後の運行上も多額の経費を要し、早期開業が困難で開通後の列車のスピードも遅くなる見込みなど、種々の理由によって明治19（1886）

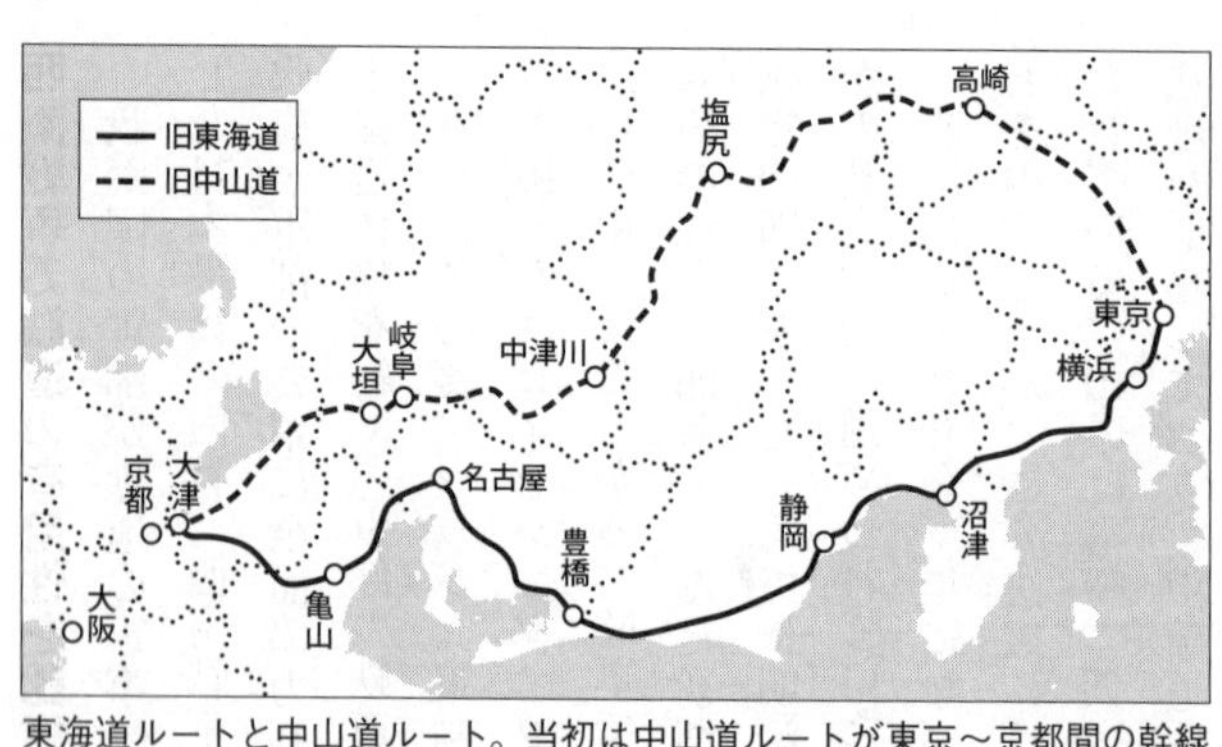

東海道ルートと中山道ルート。当初は中山道ルートが東京〜京都間の幹線鉄道のルートとして有力だった

年に東海道ルートに変更された。その際にも井上勝鉄道局長官は、陸軍大将の山県有朋に事前に周到な根回しをしてから伊藤博文内閣総理大臣に意見書を提出したという（62ページ）。

これに先立つ明治17（1884）年には、「鐵道ノ布設變換ハ軍事ニ關係有之候條處分方詮議ノ節陸軍省へ協議可致此旨相達候事」という工部卿宛太政官達が出され、鉄道の建設や改良工事に際しては陸軍と協議すべきことが正式に決定されている。『鉄道と日本軍』は「陸軍が鉄道政策に関与・介入するようになったのはこれ以降である」とするこの太政官達の背景について、「（東海道案と中山道案が対立した）鉄道幹線にいたるやり取りがきっかけとなったのだろう」と推測している。

日清・日露戦争による軍事輸送体制の確立

『日本国有鉄道百年史　第1巻』は、「軍事政策の総合的な立場からする軍部の鉄道に対する要請は、明治20年代に入ってはじめて活発になった」とし、「この段階で軍部が朝鮮問題を巡って清国との戦争を予想し、軍備の増強を緊急の課題として認識するようになり、そのさいの軍事動員の手段として、鉄道が重要な役割を果たすことが、より強く要請されることとなった」ことがその理由であると指摘している。

その本格的な軍事要請の嚆矢とも言うべきものが、明治20（１８８７）年に陸海両軍を統合した参謀本部のトップ、有栖川宮熾仁親王（ありすがわのみやたるひと）の名で井上鉄道局長官に提出された鉄道の改築建議書であった。国防上の理由に基づく海岸部から内陸部への幹線変更、軍隊の大量輸送のための広軌採用、幹線の複線化などがその内容である。

その提案のほとんどは膨大な費用を要するとして却下されたが、その翌明治21（１８８８）年、今度は参謀本部陸軍部から『鉄道論』というタイトルの書籍が刊行される。鉄道の軍事的有用性や現状分析、欧米の例との比較などを通じて、鉄道の軍事的有用性に対する世論の喚起を図ると同時に、鉄道に対して政府が強力な政策的統制を加えるべきと論じている。

清国との対立が強まりつつあった明治23（１８９０）年に行われた初の陸海軍聯合大演習では、鉄道を利用した大規模な戦時輸送体制が仮想され、軍事輸送を実践。その翌年には参謀本部による『鉄道ノ軍事ニ関スル定義』や川上操六陸軍中将の著作『日本軍事鉄道論』が相次いで発表されている。

こうして、軍部による鉄道の軍事利用の意向が強まり、演習等による経験を踏まえたところで、明治27（１８９４）年の日清戦争開戦を迎える。戦時体制においては、兵力や物資を大陸や朝鮮半島へ大量輸送するため、出港地の広島へ向けて官設・私設を問わず国内鉄道が全面的に軍事利用に供されただけでなく、軍事輸送を円滑にするための軍用線や短絡線の建設も短期間で実施された。

日清戦争での戦時輸送の経験とそれに基づく軍部の意向は、終戦直後の三国干渉を契機に生じたロシアとの緊張の中で、よりいっそう鉄道政策への影響力を持つことになる。明治31（1898）年、陸軍輜重兵少佐の大沢界雄は『鉄道ノ改良ニ関スル意見』の中で、ヨーロッパ諸国を視察した大沢の経験と日清戦争における経験とを斟酌しながら、平時は経済的役割を担う鉄道が戦時にはそのまま軍事輸送に携われるように準備をしておくべきと説いた。そして事実、日露戦争開戦に至るまでの我が国の鉄道は、そのような体制が整備されていった。

いわゆる軍用路線が盛んに計画・敷設されたのもこの頃のことである。軍事上の必要性から軍港向けの鉄道が建設されたのは明治22（1889）年開業の横須賀線（大船～横須賀）が最初だったが、佐世保や呉、舞鶴など重要な軍港への直通路線が相次いで着工、開業したのはいずれも日清戦争後、日露戦争開戦に至るまでの時期にほぼ集中している。

幹線網の整備にも、軍事的要素の考慮は以前にもまして不可欠となっていた。私鉄の山陽鉄道は広島以西の区間について、現在の山口県付近では海岸線を避けて建設するように国からの指示を受けた。海上からの攻撃の心配がない内陸部を走る奥羽本線の計画や建設が進んだのも、この時期だった。

このように、我が国の鉄道は日清・日露戦争を経て、全国規模での軍事輸送機能を確立したと言ってよい。その結果、明治37（１９０４）年の日露開戦時には、主要軍港や各地の師団所在地はほぼ幹線鉄道と直通運転が可能になっており、日清戦争時に比べてはるかに大規模な軍事輸送が極めて円滑に行われたのであった。

そして、この時期までに確立された幹線鉄道網や軍港や軍事拠点への軍用線などは、その後の我が国の鉄道網の骨格を成すことになる。現在もそのほとんどが、ＪＲの営業路線として健在である。

新しい戦争の形態と軍事輸送体制の進展

日清・日露戦争とその後（明治39〔１９０６〕年の鉄道国有化）を受けて、我が国の鉄道は平時からその軍事的機能を確保しておく体制がいちおう確立した。だが、戦争の形態が時代とともに変化していくと、よりいっそう国策の強い影響を受けることになる。

日露戦争に続き日本が戦勝国となった第１次世界大戦では、鉄道の活用や武器の進化などによって戦闘規模が地理的に拡大し、戦闘行為も物的・人的消耗度が激化した。これに対応するため、本国は戦争遂行のために国家を挙げて物資の生産やマンパワーの動員に注力することが必要となったのだ。この総力戦体制に対応するため、各国は平時から戦時動員体制を整えるようになる。

その国際的な潮流の中で、日本でも昭和11（１９３６）年の広田弘毅内閣が基本政策の一つとして高度国防国家体制確立を唱えた。これは、従来から平時における軍事輸送準備の整備をさらに進めて、総力戦体制を支える国全体での一貫的交通輸送体系を確立しようというものであった。本州と九州を結ぶ関門トンネル（昭和11年着工、同17年開通）の建設はその象徴的な存在と言えよう。その他の路線計画も資源開発や重要物資輸送という目的に副った再検討が行われた。

他にも、戦時輸送に従事する機関車の製造種決定から召集等による鉄道職員減少補充のための新規鉄道員養成まで、鉄道事業全体で戦争遂行を第一の目的とする方策が採られた。労働力の不足を防ぐため、鉄道職員の健康管理に格別の注意が払われるようになったのもこの機であったというのは、まさしく戦時の皮肉というほかない。

このような状況下で昭和12（1937）年7月に盧溝橋事件が勃発し、日中両軍の衝突はたちまち大陸各地に拡大した。このため、戦時体制強化の要請に基づく国家規模での交通統制が諮られることとなり、翌昭和13（1938）年4月、旅客運送事業者の合併などを進める陸上交通事業調整法が国家総動員法と同時に成立。さらに昭和15（1940）年2月には国家総動員法に基づく陸運統制令が公布された（昭和16〔1941〕年11月に全面改正）。

この統制令は、政府は鉄道を含む陸上交通事業全般に介入し、事業運営の休止や廃止、合併などを命令することができるという強力な内容で、「これらの規定によって、企業の自由な活動は、ほとんど不可能な状態とな」り、「交通統制は、この段階で戦時輸送の必要にもとづく統制としての性格を強くもつこととなった」（原田勝正『日本の鉄道』吉川弘文館、平成3〔1991〕年）とされる。すなわち、昭和16年12月の真珠湾攻撃に端を発する日米開戦に先立って、すでに我が国の鉄道は一定の戦時交通政策の下で統制力を発揮しながら機能し、戦中期前半の交通諸政策の基礎となっていたと言える。

これに対し、戦局が悪化する後半期ではもはや計画的・総合的輸送体系の実施は不可能な状態となり、鉄道現場も直接の戦災をも受けながら臨機応変の緊急輸送体制を採らざるを得なくなっていく。そして、昭和20（１９４５）年には本土決戦に備えて運輸省の鉄道管理部門を軍の直属機関となし得る体制まで準備していたところで、８月15日の終戦を迎えた。明治の鉄道創業以来、我が国の鉄道政策が受け続けてきた軍部からの介入は、ついに軍と鉄道の一体化という究極の段階まで迫っていたところで、その歴史に終止符を打ったのであった。

第2章

日本の鉄道を創った政治家たち

1 〝日本の鉄道の父〟井上勝

幕末に英国で鉄道を学ぶ

赤レンガ駅舎で知られる東京駅の丸の内口の駅前広場の北側に、駅舎を見つめながら悠然と歩いているような蝶ネクタイ姿の紳士の立像がそびえ立っている。台座には「正二位勲一等子爵井上勝君像」と刻されている。初代の立像は大正3（1914）年、東京駅の開業に合わせて建立されたが、第2次世界大戦中に金属供出の一環として撤去され、戦後の昭和34（1959）年に2代目の銅像が再建。平成19（2007）年には赤レンガ駅舎の保存復原工事に伴い姿を消したが、平成29（2017）年、10年ぶりに駅前広場に戻され、現在の位置に再設置されている。

〝日本の鉄道の父〟と形容される井上勝は、明治の官僚であった。鉄道発展への貢献により子爵に列せられて貴族院議員を務め、政治家としてのキャリアも有しているが、その鉄道発展過程における彼の働きは、まさに国家の重要施策を実際的に支える優秀な官僚としてのそれであったと言える。

天保14（1843）年に長州藩士井上勝行の三男として生まれた井上は、6歳のときに同藩の野村家の養子となり、野村弥吉と名乗った。16歳のとき、藩命で長崎へ行きオランダ人士官に兵学を学び、翌年には江戸で洋書や洋学の研究をする蕃書調所に入り、さらに当時幕府から函館勤務を命じられていた蘭学者・武田斐三郎の門下となるべく函館まで足を延ばしたりもしている。

人生の大きな転機は文久3（1863）年に訪れる。藩主・毛利敬親から幕府には秘密にした上での英国留学を認められ、伊藤利助（後の伊藤博文）、志道聞多（後の井上馨）、山尾庸三、遠藤謹助とともに5人でイギリスへ密航したのである。このとき21歳。5年間の留学生活の中で、当初は語学の勉強に励み、後にロンドン大学で鉱山技術や鉄道技術などの実業を学んだ。伊藤と志道は渡英の翌年に、英仏蘭米の四国連合艦隊下関砲撃を阻止すべく先に帰国していた。

東京駅頭に立つ井上勝像（著者撮影）。初代の銅像は戦時中に撤去され、昭和34年に現在の銅像が2代目として再建された

弥吉は明治元（１８６８）年に帰国し、実家に復籍して井上勝と名乗るようになる。まもなく新政府に入り、明治４（１８７１）年８月に工部省鉄道寮が設置されるとともに鉄道頭兼鉱山頭に任ぜられた。これが、日本の鉄道草創期における鉄道政策を推進した井上勝の、鉄道官僚としてのキャリアのスタートである。

狭軌選択にどう関わったのか

井上の来歴をここまで見てみると、ある疑問に突き当たる。それは、本書の第１章で取り上げた軌間の問題である。

第１章で明らかにした通り、大隈重信の回想によれば、軌間の問題を大隈らが初めて認識したのは、お雇い外国人のエドモンド・モレルと明治３（１８７０）年に初めて会った際に尋ねられたときだったとされている。だが、井上が鉄道頭に任命されたのは明治４年。大隈らが軌間の問題に直面した時点では、井上は鉄道関係の事業について、少なくとも職位に基づく発言権は持っていない。

ところが、井上は明治39（１９０６）年に著した『日本帝国鉄道創業談』の中で、「ゲージの決定」という一節を設け、そこで次のように記している。

「ゲーヂの事は第一の問題なり予も聊か歐人の所論を研究せしか我國の如き山も河も多く又屈曲も多き地形上に在りては三呎六吋ゲーヂを適當とす英國等の如く四呎八吋のゲーヂにては過大に失し不經濟なりとの說多きを占めたり殊に現下の勢にては廣軌にて百哩造るよりも狹軌にて百三十哩も造る方、國利尤多からんと予も思考したり因て其說を隈公に進めたる事もありしか廟議終に三呎六吋ゲーヂを採用するに決定せられたり」（村井正利〔編〕『子爵井上勝君小傳』井上子爵銅像建設同志会、大正4〔1915〕年）

このような後年の回顧談の存在は、井上が狭軌採用に関わったという理解を生じさせている。紀行作家の宮脇俊三はこの『日本帝国鉄道創業談』の一節に触れ、「軌間の狭さは、その後の鉄道輸送を悩ましつづけてきたのだが、井上の意見がまちがっていたとは言えない」（「鉄道の父、井上勝のこと」『乗る旅・読む旅』JTB、平成13〔2001〕年）と評しており、井上の意見が狭軌による現代の鉄道網構築の契機であったと認識している節が窺える。

井上が英国で鉄道技術について学び、その結果として、当時の日本の状況ではイギリスと同じ4フィート8・5インチ（現在の国際標準軌である1435ミリ）の広軌で100マイルの鉄道を建設するより、3フィート6インチ（1067ミリ。現在のJR在来線が採用）

の狭軌で130マイルの鉄道を建設する方が妥当である、と判断したことはあり得るだろう。だが問題は、「因て其説を隈公（大隈重信）に進めたる事もありしか廟議終に三呎六吋ゲーヂを採用するに決定せられたり」という経緯が本当にあったのか、という点である。井上自身の回顧談を除いて、鉄道創業時の軌間の決定に井上が関与したという史料は今のところ発見されていない。

この軌間決定の経緯については、「3フィート6インチ・ゲージ採用についてのノート」（青木栄一『駿河台大学文化情報学部紀要』第9巻第1号、平成14〔2002〕年）という論文によって丹念に分析されている。それによれば、井上が狭軌採用の合理性を公式に言明した最初の記録は、鉄道局長官の地位にあった明治20（1887）年7月の『鉄道改正建議案ニ対スル上陳書』であるという。これは同年に陸軍参謀長の有栖川宮熾仁親王が井上鉄道局長官に提出された鉄道の改築建議書（44ページ）に対する回答である。

この中で井上は「軌道ノ幅員」について、

「抑吾國ニ於テ鐵道創設ノ當時軌道ノ幅員ヲ三呎六吋トナスニ決セシモ廣ク之ヲ歐米其他ノ實驗ニ徴シ深考熟慮ノ上吾邦ノ鐵道ハ漸次内部山嶺嶮峻ノ地ニ延長セサル可ラスシテ必ス

急ナル屈曲ヲ要スヘク又運輸ノ數量ハ非常ニ多キニ至ラサルモノ多ク而シテ到底峻急ナル陂度ヲ要スルヲ以テ速力ハ第二ノ問題トセサルヲ得サル等ノ諸要點ヲ斟酌シタルヨリ此ノ幅員ニ決セシモノニシテ（後略）」（前掲『日本鉄道史 上篇』）

と述べていて、狭軌の選択は当初より諸条件を勘案して熟慮した末の合理的な結論であるという理屈を展開している。これは、大隈の回顧談とは全く異なる内容である。

　青木論文はこの記述について、「この上陳書は、陸軍の主張に反論するために書かれたもの」であることから、「現状の3フィート6インチ・ゲージを擁護し、それが適当であることを説明しようとする官僚独特の一種の後知恵による見解ではなかったか、という可能性が高い」と解釈している。本当にこのような意見を井上が大隈らに進言して狭軌が選択されたのであれば、正史として編纂された『日本鉄道史』にも記載されたはずだが、『子爵井上勝君小傳』の編者であり、井上とは長く上司・部下の関係にあった村井正利が『日本鉄道史』の編纂に加わっていたにもかかわらず、この点についての井上の主張は記載されていない。これらのことから同論文は、「大隈の回顧談や『日本鉄道史』の記述とは大幅に食い違っている井上の主張は、他の傍証がない限り、にわかに信用できない」と断じている。

井上の明治初年のキャリアに照らしても、妥当な見解と言うべきであろう。

日本人のみによる鉄道建設を実現

いきなり井上にとって厳しいことを書いたが、鉄道頭に任ぜられて以降の井上が我が国きっての鉄道専門家として鉄道政策をリードした立役者であり、現在の日本国内における鉄道網の基礎を築いた大功労者であることは疑う余地がない。

井上が鉄道官僚として手掛けた実績を一つ一つ挙げればきりがないが、その中でも、それまでお雇い外国人の力を借りていた鉄道建設を、初めて日本人のみで実現させた点は特筆されるべきことだろう。

我が国の鉄道はイギリス方式をモデルとして導入されたことから、イギリス人を中心とする外国人技師を鉄道建設のために多く雇い入れた。彼らの待遇は日本の高官を凌ぐほどの高給で、わざわざ無駄な作業を生じさせて工期を長引かせることで高給を長く手にしようとした連中もいたという。建設上の技師だけでなく、機関車を運転する機関士もイギリス人であったし、車両から各種の工具、さらには駅の改札で切符を切る改札鋏（ばさみ）までイギリス製を輸入しているような状態であった。

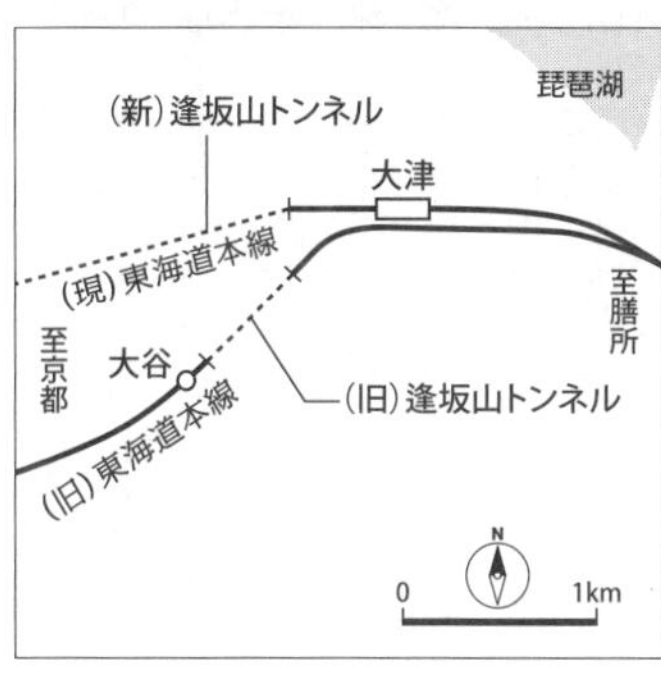

東海道本線の旧逢坂山トンネル西口（当時の絵はがきより。所蔵：小野田滋）。現在の名神高速道路蝉丸トンネル西口にあたる

このようなイギリス依存から脱却し、日本人が独力で鉄道建設を行うことは、井上をはじめとする鉄道局首脳部の大きな目標だった。その端緒となったのが、明治11（1878）年に着工された京都〜大津間の路線建設である。井上はこの区間の建設にあたり、外国人技師には顧問としてトンネルや鉄橋の設計をさせたものの、井上がかねてより外国人技師の下で鉄道技術を学ばせていた日本人青年技師を工事に起用し、現場では井上自ら技師長を務めて指揮監督するなど日本人だけで工

事を実施したのだ。

この区間最大の難所は、当時としては長大な665メートルの逢坂山(おうさかやま)トンネルであったが、最後まで残ったこのトンネル工事も明治13(1880)年に無事竣工した。このことは日本人の鉄道建設技術の向上に寄与したばかりでなく、外国人技師の人件費等削減による建設費の約2割節減という効果ももたらしている。

この工事に携わって養成された日本人技師たちは、その後全国各地の鉄道建設に携わり、後年日本領となった台湾や朝鮮の鉄道現場にも立って長く活躍することとなる。それと反比例するように鉄道関係のお雇い外国人は減少し、明治22(1889)年の東海道線新橋〜神戸間開通時には、外国人の指導を受ける必要はほとんどなくなったのである。

当時の逢坂山トンネルはその後、大正10(1921)年の東海道本線ルート変更によって廃止されたが、時の太政大臣三条実美の書が掲げられたトンネルの東口は、鉄道記念物として今も保存されている。平成20(2008)年には経済産業省によって近代化産業遺産にも指定されている。

一方、反対側の西口は名神高速道路建設に際して地中に埋められてしまったのだが、実はその西口には、「属官 村井正利」が書した「鉄道局長・技監 井上勝」の名による工程起卒の誌を刻んだ額石が掲示されていた。その碑文には掘削工事に起用された技師の一人、國澤能長（くにさわよしなが）の名が挙げられている。日本人の独力による初のトンネル建設を実現した井上の感慨が溢れ出るような一文であった。

〝日本の鉄道〟のあるべき姿を追求

この逢坂山トンネル工事が象徴するように、井上は鉄道局のトップとして、「日本の鉄道はかくあるべき」という揺るぎなき信念を抱いて鉄道政策を実践していたように思われる。それは、後年の政治家たちによる選挙地盤への利益誘導、あるいは省庁ごとの縦割り行政に基づく官僚たちの省益確保や利権保全のごとき行動とは対極の姿であった。と同時に、優秀な官僚らしい、徹底したリアリストでもあった。国家建設の基盤を成す鉄道事業にありがちな実現困難な空想や壮大な理想に振り回されず、冷静な現状認識に立って、日本の鉄道の基礎を築いていった。

東京と京都を結ぶ東西幹線のルートは、当初は中山道案に内定していた。そこに軍部の意向が強く反映していたことは41ページですでに述べたが、早くから東西幹線の建設をしばしば建議していた鉄道局長の井上勝も当初は、東海道ルートは箱根の峠越えや大井川などの架橋による難工事が予測され、しかも海岸沿いは船便等がすでに発達していて交通至便であるのに対し、中山道ルートは東海道より工事が容易で、太平洋側と日本海側との交通発達にも繋がり国土開発、国家経済上も有益であると主張していた。

ところが、工事計画の進捗に伴い東海道ルートの方が有益と判断すると、井上はひそかに東海道線を調査させ、建設費や期間、開通後の東西所要時間、営業収支などを細かく算出。この内容を本来は総理大臣の伊藤博文に提案すべきところ、井上は「軍人社會の反抗あらんことを恐れ」、先に陸軍の山県有朋に説明し、「然らは東海道を先きにするの外なしとの卽答」を得てから伊藤に建言したのだ。伊藤は、山県がすでに同意したと聞いて「事既に諧へり」と喜んだという（前掲『子爵井上勝君小傳』）。東海道線の早期全通は、こうした井上の柔軟で冷静な現状分析力と官僚らしい調整力によるところが大きかった。

狭軌の維持にしても同様である。明治20年には鉄道局長官として陸軍参謀本部長の改軌要求を退けたが、晩年の『日本帝国鉄道創業談』の中で彼は「先年廣軌說か非常に流行せし折には三呎六吋に制限せられしことを批難する聲頗る高かりし然れとも是は必要の時機到來せは改造するも敢て難事に非るへし」として、アメリカでの改軌の先例などに触れつつ、「愈其必要に迫られ廣軌改造を實行するの時運に際會せんこと衷心祈望に堪へさる所なり」と、将来の広軌改造に対する希望を表明している。早くから鉄道を学んだ井上は、軌間が広い方が何かと有利であることは明治20年の段階ですでに十分認識していたであろうが、その時点での我が国の経済力や目指すべき国土開発の将来設計図などに照らして、当面は狭軌路線を拡大する方が適当だと総合的に判断したのだろう。

その一方で、譲れない部分は頑として譲らなかった。度重なる軍部の鉄道政策への介入に敢然と反論し続けたところにその硬骨漢ぶりが窺えるが、鉄道頭になった直後の明治６（１８７３）年にも、京阪神方面の鉄道事業に対応するため鉄道寮を大阪へ移転させようとしたところ、イギリスへの留学仲間であり当時の上司だった山尾庸三の猛反対に遭って鉄道頭を辞職してしまい、同じ留学仲間の伊藤博文の説得によって半年後に復職したということがある。

それと同じことが、20年後の明治26（１８９３）年に起こった。鉄道草創期においては鉄道の国有・私有に関する明確な国家方針がなく、その時々の経済情勢に応じて私鉄の建設・開業が認められていた。これに対し、井上が早期から鉄道の国有化を強く主張していたのは第１章で触れた通りである。

だが、井上の提出した「鉄道政略ニ関スル議」に基づく私設鉄道買収法案は、帝国議会で野党の強い反対を受けて否決。その後の修正を経て明治25（1892）年にようやく成立した鉄道敷設法は、鉄道国有の原則を確立したものの、条文の文言が例外としての私鉄の建設を広く容認し得る表現に変えられていて、「(井上の）精神たる幹線國有主義は殆と糊塗の中に埋沒せり」（前掲『子爵井上勝君小傳』）と言える内容だった。これに憤った井上は逓信大臣黒田清隆に鉄道庁長官の辞表を提出。驚いた黒田は井上を説得したが果たせず、ついに明治26年3月、井上は20余年にわたる日本の鉄道政策の推進役の座を自ら下りたのであった。

「吾生涯は鐵道を以て死すへきのみ」

野に下った井上が情熱を注いだのは、鉄道車両の国産化であった。井上の努力によって施設建築や運転技術などの習熟は日本人が自力で行えるようになっていたが、鉄道車両の製造力の進歩はまだ遅れており、車両の製造や修理を外国に依頼している状況だった。

そこで井上は、三菱財閥を率いる財界の実力者・岩崎彌之助ら有力実業人たちの資金援助を受けて、日本初の本格的な鉄道車両会社である汽車製造合資会社を設立。明治32（1899）年に大阪で営業を開始し、次第に大型機関車や鉄橋などを製造するようになった。同社の成功は外国依存が続いていた鉄道車両製造や維持の価格低下をもたらし、それは鉄道輸送力の増強にも繋がったのである。

汽車製造会社はその後、国内車両メーカーの先導的地位を保ち続け、第2次世界大戦後は東海道新幹線の初代車両として名高い0系の製造も担当した。昭和47（1972）年に川崎重工業に吸収されて消滅したが、「鉄道車両の国産化」が日本の鉄道発展に資すると考えた井上の意思を体現する会社だったと言えよう。

ちなみに、同社が製造した蒸気機関車は、会社創業からまもない明治36（1903）年に大阪で開かれた内国勧業博覧会に出品され、優秀国産車として表彰されている。このとき、明治天皇が同車をご覧になった際に説明役を務めたのが井上である。明治天皇は井上に、「機関車製造という年来の望みが叶った今、次に何を望むか」と下問したという。

『子爵井上勝君小傳』によれば、井上は常々、「吾生涯は鐵道を以て始まり已に鐵道を以て老ひたり當さに鐵道を以て死すへきのみ」と語っていた。政府にあって日本の鉄道政策を牽引し続け、在野にあって鉄道車両の国産化を推進した井上は、「鐵道を以て死す」までの次なるプランとして、さらに何かを望んでいたのであろうか。

2 広軌論を主張した後藤新平

台湾で初めて鉄道事業に携わる

明治43（1910）年8月に鉄道院の顧問として欧州の鉄道視察に出掛けたままロンドンで客死した井上勝に対し、鉄道院総裁として弔辞を捧げたのが後藤新平である。その中で後藤は、鉄道に懸けた井上の生涯を讃えつつ、「其努力の效果たる鐵道は今や延長五千三百哩に達し理想たりし國有は實行せられ經營の基礎漸く鞏く將に第二期の發展に入らむとす」（前掲『子爵井上勝君小傳』）と述べている。鉄道国有化が実現し、ようやく我が国の鉄道事業が安定的な拡張を図るようになる明治後期から大正の時期を後藤の言う「第二期」とするならば、その第二期において10年近くにわたりいわゆる広軌改築論を展開した筆頭論者こそ、後藤新平その人であった。

後藤は幕末の安政4（1857）年、岩手県の水沢（現・奥州市）で仙台藩士の家に生まれた。医学校を卒業して愛知県で医師として働いた後、明治16（1883）年に27歳で内務省衛生局（現在の厚生労働省に相当）に入り、官僚となった。明治23（1890）年にはドイツに留学し、医学博士号を取得している。

日清戦争によって日本が台湾の領有を開始してから3年後の明治31（１８９８）年、後藤は当時の台湾総督・児玉源太郎に抜擢されて、台湾総督府の民政局長（後の民政長官）に就任した。８年半にわたる在任中、アヘンの撲滅や衛生事業としての病院や学校教育の普及、上下水道の整備などを手がけ、台湾の近代化の基礎を築いたとして今も日台両国で高く評価されているが、台湾総督府の初代鉄道部長として児玉総督とともに10年計画で台湾の鉄道建設を推し進め、基隆～台北～高雄間を南北に貫く縦貫鉄道の建設などを断行した実績も見逃せない。

台湾の鉄道は清朝統治時代末期に基隆～台北間がすでに開通していた。だがその実態はあまりにも貧弱な施設で、台湾総督府が実施した既存区間の改良工事も測量からやり直しをするなど、「ゼロから造り直すと言ったほうが適切な状況だった」（片倉佳史『台湾鉄路と日本人　線路に刻まれた日本の軌跡』交通新聞社新書、平成22〔２０１０〕年）という。

もともとは地方で発生する抗日ゲリラの鎮圧が鉄道整備の目的だったが、まともな道路がほとんどなかった清朝時代以来の都市間交通事情を劇的に改善しただけでなく、南北を同一の経済圏、物流圏内に帰せしめるなど、完成した縦貫鉄道がもたらした経済的意義は極めて

国立台湾博物館鉄道部の館内展示（著者撮影）。後藤新平が揮毫した「潜行不窒」の扁額が縦貫線の9号トンネル北口の上部に掲げられていることを紹介している

大きかった。今も台湾島内の幹線鉄道として機能する西部縦貫線には、後藤新平が開通を記念して自ら揮毫した扁額を坑口に掲げたトンネルが各地に現存している。

初代満鉄総裁に就任

明治39（1906）年、50歳になった後藤は台湾を離れ、今度は南満洲鉄道株式会社、すなわち満鉄の初代総裁に任命される。満鉄は、日露戦争の勝利によって帝政ロシアから譲り受けた満洲地方の鉄道経営やその付属権益を行使するために設立された半官半民の会社で、今でいう第3セクター方式に近い性格を持っていた。単なる鉄道会社ではなく、外地での権益行使という特殊な事業を担う国策会社であったことから、台湾で民政長官や鉄道部長として実績を挙げていた後藤に白羽の矢が立ったものと思われる。

後藤が初代の総裁として直面した大きな課題が、ロシアから引き継いだ路線の軌間を巡る問題であった。ロシアの鉄道は国際標準軌（1435ミリ）よりも広い5フィート（1524ミリ）を採用していたため、満洲にロシアが建設した東清鉄道などもこの広軌で建設されていた。ところが、日露戦争中に占領した東清鉄道を日本軍は内地の幹線と同じ狭軌（1067ミリ）に改築し、内地から鉄道車両を持ち込んで軍事輸送に利用した。満鉄はこれを、日本政府からの命令に基づき、朝鮮半島や中国大陸の他地域と直通運転ができるように国際標準軌へ再び改築したのである。しかも、列車の運行は従来通りに続けながら、という困難な工事であった。

ただ、後藤の総裁在任はわずか2年余りだったため、総裁としての目立った実績は見られない。後藤は台湾民政長官時代の部下だった中村是公（よしこと）を引き抜いて副総裁に据え、自身の総裁辞任時には2代目総裁につけているが、文豪・菊地寛は満洲新聞の依頼によって書いた『満鉄外史 前篇』（時代社、昭和16（1941）年）の中で、「極めて短期間の後藤一代というものは、たゞ例の、景氣のいゝかけ聲で、事業の厖大なアウトラインだけを描いたに過ぎなかった。すべての仕事をばたばたと着手したのは中村二代目からである」と評している。

鉄道院総裁として広軌改築論を主張する

後藤が満鉄総裁の職を辞したのは、第2次桂太郎内閣で逓信大臣に着任するためである。明治41（1908）年7月、後藤このとき52歳。同年12月には内閣直属の鉄道院を発足させ、自ら総裁を兼任する。国有化されたばかりの鉄道組織を統一的組織としてまとめていくための措置であった。

後藤の女婿で鉄道院、鉄道省の勤務を経て戦前に衆議院、戦後は参議院で議員を務めた鶴見祐輔がまとめた伝記『後藤新平 第三巻』（後藤新平伯伝記編纂会、昭和12（1937）年）によれば、このとき入閣した後藤の課題の一つに、「日本の鐵道を如何にして歐米先進國の鐵道に比し、遜色なきまでに改良進歩せしむべきか」があったと指摘している。これについて後藤が強く主張したのが、国有鉄道を満洲と同様に国際標準軌に改築しようとする広軌改築計画である。つまり、ここでいう「広軌」とは国際標準軌のことなのだが、当時は、現状の狭軌を広げようとする意味で「広軌」という用語が用いられたようである。

後藤は入閣翌年の明治42（1909）年から東京〜下関間の広軌改築調査を開始。その結果、翌明治43（1910）年になって、輸送量が増加しつつあるため現存の鉄道に何らかの改良が必要であり、技術的かつ経済的、さらに軍事的見地からも同区間は標準軌に改築するのが望ましい旨の調査結果を得た。そこで、財源の問題について大蔵省と交渉した上で、同年末に広軌改築案を閣議通過させている。

この閣議に後藤が提出した「標準軌道ニ改築スルヲ得策ナリトスル理由」という書面には、彼の持論の詳細が示されている。すなわち、輸送力の増強による経済的、軍事的メリットはもちろんのこと、世界の鉄道は標準軌が大勢を占めているから、標準軌を採用すれば技術や行政上の豊富な経験の廉価による導入が期待できると指摘。また、標準軌への改築によって一列車あたりの輸送量が増えれば、その分諸機械の使用頻度が減少し、それによって故障の度数が減ること、また車両規格の大型化によって風圧への安定度が増すことなど安全面でのメリットもあることを、外国の例と比較しながら力説している。

『後藤新平　第三巻』の中で鶴見は、「（後藤の広軌論は）區々たる技術上の優劣論よりも、むしろ産業上、軍事上の大局観から出發したものである」と記している。だが、具体的な外国の論文まで引用して標準軌の技術的優越性を説くなど、この理由書は技術上の指摘にも相当の紙幅を費やしている。医師出身の医療行政官としての経歴を持ち、「行政理念に技術の合理性を活かす立場」（前掲『日本鉄道史―技術と人間―』）を採っていた後藤らしい発想や意見と言えるだろう。

政友会の反対で頓挫

だが、この広軌改築という壮大な新国策は、明治44（1911）年1月から2月にかけて行われた帝国議会の予算審議において、立憲政友会系議員の猛反対に遭った。当時、政友会を率いていたのは、後に平民宰相と呼ばれた原敬である。

政友会は鉄道政策に関し、いわゆる「建主改従」を基本方針としていた。軌間は狭くてもよいから先に鉄道を造り、その後で軌間拡大を検討する、という方策である。これに対して後藤らの主張は「改主建従」、つまりまず現状の軌間を標準軌に修正し、その後に鉄道網の拡大を図るという考え方だった。この建主改従派と改主建従派の衝突は、この後10年近くにわたって帝国議会で論争や政争として繰り広げられていくことになる。

そのような状況の存在や継続自体が、論争の優劣とは別に後藤の当初の理想と相容れなかったはずである。『後藤新平　第三巻』は、後藤が提案し、実行された鉄道国有化は「事業が政争の犠牲に供せられ易い」という危険を伴うため、「如何にして國有鐵道を、政争渦外に置くべきや」が重要だと指摘している。ところが、後藤の広軌改築論が、まさにそのような政争の手段と化してしまったのだ。

結局、原敬らの反対によって広軌改築費は予算として計上されなかった。その後、明治44年４月に広軌鉄道改築準備委員会が内閣に設置されて有識者の意見を集約し、東京〜下関間などの幹線を中心に改軌し、最終的には全国の鉄道を標準軌化すべきとの計画をまとめたものの、同年８月に桂内閣が総辞職すると、その後に成立した第２次西園寺公望内閣は日露戦争後の財源難を理由に新規事業の抑制を打ち出し、広軌改築計画を実施しないことを閣議決定した。鉄道院総裁には政友会の原敬が着任したため、計画は当然のごとく宙に浮いてしまった。

広軌改築論の再浮上と論争終焉

その後、後藤は大正元（１９１２）年末に第３次桂内閣で再び逓信大臣兼鉄道院総裁となるが、同内閣は大正政変によって２ヵ月で総辞職に追い込まれる。広軌改築論が再び具体的に動き出すのは、大正３（１９１４）年に組閣された第２次大隈重信内閣のときで、広軌論者の仙石貢（後に満鉄総裁）が鉄道院総裁に就任したことから、広軌改築による輸送力増強が鉄道院で検討されたのだ。

この大隈内閣の後継として大正５（１９１６）年に成立した寺内正毅内閣で、後藤は三たび鉄道院総裁（内務大臣及び大蔵大臣と兼任。大正７〔１９１８〕年４月からは外務大臣と兼任）に就任する。前内閣ですでに広軌化を推進するための基本調査が行われていたことから、後藤にとって、積年の持論である国有鉄道の広軌改築を進めるためにはこれ以上ないほどの絶好機だった。

翌大正６（１９１７）年、後藤率いる鉄道院はいよいよ国際標準軌への改軌実験に乗り出した。当時、ヨーロッパの軌間変更地点で実際に使用されていた台車交換機を大井工場内に持ち込んで実際の作業確認や所要時間の測定を実施したり、神奈川県の八浜線（現・ＪＲ横浜線）の一部区間を３線または４線式の併用軌道にして、標準軌に改造された蒸気機関車や客貨車を実際に走らせてデータ収集をしたりしている。走行実験の現場には後藤も足を運び、実験車両に便乗している。

こうして標準軌は狭軌よりも輸送効率に優れていることなどが実証されたことから、鉄道院は国有鉄道軌間変更案を作成。大正７年度から５年計画で国有鉄道約６６００キロの

八浜線（現・JR横浜線）に設けられた4線軌条の実験線（所蔵：鉄道博物館）

全線を標準軌に改築すること、改築費抑制のため３線または４線式で現行狭軌との併用軌道にすること、線路や車両の台車以外の施設改造は極力控えることなどを内容としていた。後藤はこの案の予算化を目指して、閣内や政友会との意見調整に奔走した。この頃が、後藤のみならず明治以来の広軌改築論者たちが悲願とした我が国の在来線の総標準軌化に最も近づいたときだったと言えるかもしれない。

だが、後藤の命運はそこまでだった。大正７年９月、全国で勃発した米騒動によって寺内内閣が総辞職すると、原敬が我が国初の本格的政党内閣を組閣。原内閣は教育、産業、国防、そして交通の４つの拡充を「四大政綱」

として掲げ、政友会の鉄道政策の基本方針である建主改従の方策を強く打ち出した。
この原内閣において鉄道院総裁に起用された床次竹二郎は翌大正8（1919）年2月の帝国議会における貴族院の特別委員会の席上、次のように答弁して、前内閣までに計画されていた広軌改築計画を明確に否定した。

「軌間問題ハ幾多ノ沿革ヲ經タルモ現在ノ狹軌ニ於テ隨時改良ヲ加フレハ近キ將來ニ於テ輸送力に缺乏スルノ憂ナキヲ斷言ス、今日ノ時代ニ在リテハ現在ノ狀態ヲ改良シ若クハ鐵道ノ普及速成ヲ圖ルヲ以テ緊要ナリトシ…（中略）…要スルニ今日鐵道網ノ完成ヲ必要トスル時代ニ於テ一旦軌間改築ニ著手シ忽チ財政上ノ混亂ヲ惹起スル如キハ採ラズ、國防上ニ於テモ狹軌ニシテ支障ナキコト我陸軍ニ於テモ之ヲ認メ敢テ異議ヲ挾マザル所ナリ」（『日本鉄道史下篇』鉄道省、大正10〔1921〕年）

この床次答弁によって、後藤の提唱から始まった約10年にわたる改軌論争は終焉を迎えた。また、大正9（1920）年以降、第1次世界大戦後の不況期に入ると、財政上も全国規模での広軌改築は不可能な状況になってしまった。

明治41年に後藤が鉄道院を首相直属の組織としたのは、国有鉄道への政治的介入を排除し、長期的な見通しに立って鉄道政策を実現するためであった。だが皮肉にも、後藤が最重要の国策として実現を目指した我が国の在来幹線の標準軌化計画は、政策転換に伴って浮沈を繰り返した挙句、政権交代によってその総裁の座に就いた後輩政治家の手で終止符が打たれたのである。

3　東海道新幹線計画を支えた佐藤栄作

鉄道官僚として次官まで昇進

我が国の鉄道が政治性を強く帯びた国有財産として発達した結果、鉄道建設は国家的政策として捉えられることになった。この場合、新たな鉄道を造ろうとするときは、単純な経済原理や地域事情のみによって路線が成立するのではなく、時の為政者が議会対策（場合によっては軍部も）をはじめ政治上のハードルをクリアすることに心を砕く必要性が高くなる。井上勝にしても後藤新平にしても、国家全体の長期的な利益を考慮した上で鉄道国有や広軌改築を提唱したことは疑いないのだが、どんなに私利私欲とは無縁の筋が通った正論であっても、正義とは別の次元で作用する政治力学の前では必ずしもそれが通るわけではなかった。

そこで今度は、井上や後藤が対峙し、難渋した政治上のハードルを見事にクリアして、鉄道史に残る新鉄道の建設を成立させた事例を見てみることとする。その「鉄道史に残る新鉄道の建設」とは、日本が世界に誇る新幹線の新規建設事業であり、それを支えた物語の主人公は、後にノーベル平和賞を受賞する佐藤栄作である。現在では、佐藤栄作という政治家から新幹線を連想する人は少ないだろうが、政治家になる前の佐藤は鉄道省に長く務めたキャリアを持っており、鉄道との繋がりは決して小さくない。

佐藤は明治34（１９０１）年、山口県の瀬戸内海に面した田布施（たぶせ）という小さな町で造り酒屋の三男として生まれた。５歳上の兄は、佐藤より２代前の内閣総理大臣となった岸信介である。

東京帝国大学を卒業後、大正13（１９２４）年に鉄道省に入省。門司鉄道局に配属され、25歳のときには現在のＪＲ鹿児島本線二日市駅長を務めるなど九州勤務はほぼ10年に及んだ。その後、昭和９（１９３４）年から約２年間、「欧米における運輸について」という研究名目で在外研究員としてアメリカに派遣されている。

帰国後は主に本省で事務官として勤務していたが、昭和16（１９４１）年に東京地下鉄道と東京高速鉄道という、東京にあった２つの地下鉄を統合させ、帝都高速度交通営団（営団地下鉄。現・東京メトロ）の設立を主導した点が目を引く。

ちょうどその頃、東京高速鉄道を率いる東急グループの総帥・五島慶太が、ライバル関係にあった東京地下鉄道を強引に買収しようとして紛争が起こっていた。そこで、鉄道省から佐藤が両社の仲裁に入ってこれを鎮静化させた。その上で、「交通機関同士の紛争は公益に反するから両社を一本化すべき」として、その当時、戦時体制強化策の一環として成立していた陸上交通事業調整法（48ページ）に基づき、両社の経営権を営団地下鉄に引き継がせたのである。五島は「佐藤という課長の首を切れ」と鉄道大臣にまで申入れをしたりして抵抗したが、最終的には目論見通りの買収を阻まれた上に経営権を国に奪われ、「国策を大義名分とする、佐藤栄作にしてやられた」と言って大いに悔しがったという（中村建治『メトロ誕生〜地下鉄を拓いた早川徳次と五島慶太の攻防〜』交通新聞社、平成19〔2007〕年）。

この3年後の昭和19（1944）年4月、運輸通信省（鉄道省と逓信省を統合して昭和18〔1943〕年に発足）の自動車局長に昇進していた佐藤は、大阪鉄道局長に任ぜられる。本省の局長が地方の局長へ転任するというのは、明らかな左遷人事だった。

佐藤の元同僚らによる後年の回想では、この左遷人事の背景には業務上の陸軍との対立があったという見方が多い。だが、佐藤の長男・龍太郎は「親父が左遷されたのは省内の派閥抗争もさることながら、鉄道大臣だった五島慶太にニラまれたのだと思う」（岩川隆『忍魁・佐藤栄作研究』徳間文庫、昭和59〔1984〕年）と述懐している。実は、同年2月から運輸通信大臣に五島慶太が着任していたのだ。龍太郎の回想では営団地下鉄の件に触れられていないが、五島が、東京高速鉄道を自分から奪い去った佐藤に左遷人事で報復したという推測は十分に頷ける。

ただ、この人事は結果的には佐藤に幸いした。終戦後、鉄道総局長官を経て事務方トップの運輸次官（現在の事務次官）に昇りつめたが、戦後の公職追放を免れたのは、戦時中に地方へ左遷されていたことが原因と見られている。農商務省官僚からスタートして満洲国経営の中枢にあり、東條英機内閣では閣僚も経験した兄の岸信介は、終戦後まもなくＡ級戦犯として逮捕・投獄され、不起訴処分を受けて釈放されたものの昭和27（１９５２）年まで公職追放されていた。

大蔵大臣として新幹線計画に接する

昭和23（１９４８）年３月、47歳で運輸省を退官した佐藤は、同年10月に第２次吉田茂内閣で官房長官に就任した。国会議員の身分を持たないままでの異例の入閣だったが、佐藤が吉田と遠縁関係にあり旧知の仲であったことも影響していると思われる。翌昭和24（１９４９）年の総選挙で衆議院議員に初当選を果たし、本格的に政治家としての道を歩み始めた。

昭和33（1958）年6月、第2次岸内閣で佐藤は大蔵大臣に就任する。その入閣から1ヵ月も経たない翌月の閣議で運輸大臣から提出されたのが、「東海道本線の別線を広軌（標準軌）で新たに建設すべし」という趣旨の調査報告（答申）であった。「新規路線の建設はあらゆる施策に先行し、かつ、強力に推進されなければ、所期の目的を達成し得ないことは明らかである。よって政府並びに日本国有鉄道の決断と努力とを重ねて要望するものである」という一節で主文が締め括られているこの答申からは、広軌新線の実現に対する強い意思が伝わってくる。

当時の国鉄総裁・十河（そごう）信二は、膨大な赤字を抱えて疲弊した国鉄組織の復興策の一つとして、東海道に新規格の高速鉄道（新幹線）を建設することを構想していた。輸送力が限界に近づきつつある東海道本線の増強が必要であるとの認識は広く関係者に共有されていたが、その対策として在来線を複々線化するのか、狭軌の別線を造るか、広軌（標準軌）の別線を造るか、については国鉄内部でも意見が分かれていた。特に、軌間を既存路線と同じ狭軌にするか広軌化した全く新しい路線にするか、については、総裁の十河を除くと狭軌派が優勢だった。

東海道に広軌の高速鉄道を新設しようという発想は、昭和14（1939）年に鉄道省が軍部の要請で立案した「弾丸列車構想」に端を発している。東京〜下関間に国際標準軌の高速新線を造って9時間で結ぶこの構想は帝国議会でも認められ、一部のトンネル工事は実際に着工されていた。

だが、広軌鉄道の建設というテーマは明治以来、純粋な技術問題とは別に、莫大な費用を要するという財政上の問題を巡って常に政治上の対立を招き、それが原因で明治以来ことごとく頓挫してきた。

それはこのときの新幹線計画でも同じで、当初、建設資金は5年間で約３０００億円と見積もられた。ところが、予算案を示した技師長の島秀雄に対し、十河は「これでは高すぎる。半分ぐらいにできないか」と尋ねたという。金額があまりに高いと、国会で予算案が通らなくなるかもしれない。十河はそれを恐れたのである。

結局、昭和34（１９５９）年3月末の国会では東海道新幹線の予算は総工費２０００億円弱で可決、承認されたが、これではいずれ多額の資金不足問題が発生するのは目に見えていた。しかも、官公庁と同じく国鉄の予算も単年度制だから、政権交代などにより政策が変われば、ある年度から予算を打ち切られることもある。広軌改築論が辿ってきた歴史が再び繰り返される可能性は、まだ十分にあったのだ。

世界銀行からの借款を発案する

このような新幹線計画を、佐藤は早い時期から知っていた。昭和30（1955）年に国鉄総裁に就任した十河は、その年の秋に保守合同で誕生した自由民主党の総裁である鳩山一郎首相をはじめとする有力政治家たちに、早くも東海道広軌新線の構想を直接話していた。その有力政治家の一人に佐藤も含まれており、十河の意見に対してとりわけ強い賛意を示したと言われている。

大蔵大臣となった佐藤は、ようやく具体的に動き出したばかりのこの新幹線計画を大蔵省として資金面でサポートすべく、ある妙案を考えだした。以下は、国鉄の財務担当常務理事に就任したばかりの兼松學を大蔵省に呼んだ佐藤の発言である。兼松は、佐藤が鉄道省監督局総務課長だった時期の部下でもあり、二人は旧知の間柄だった。

「兼松君、今度の新幹線で十河さんは大変に御熱心なようで、私はできるだけ協力をするつもりだが、一つだけ心配なことがある。

この計画実現には数年かかり、とても一内閣の間にできるものではない。君も知ってのと

お
り官庁の予算は単年度予算だから、内閣が代ってもし政策が変ったりすると翌年度から予算を打ち切られるおそれがある。そうならないためには、何か外からの制約で政府をしばるようにしたほうがいい。

それには、世界銀行からの借款がいちばんいいと思うので、大蔵省としても国鉄を融資順位の一位にしてあげたい気持はある。ただこれは相手があることで、大臣の私が直接口をきくわけにはいかないから、説得は君らのほうでうまくやってくれよ」（碇義朗『「夢の超特急」、走る！ 新幹線を作った男たち』文春文庫、平成19〔2007〕年）

佐藤が口にした世界銀行とは、正式には国際復興開発銀行（the International Bank for Reconstruction and Development）といい、第2次世界大戦の戦災国の復興や発展途上国の開発援助を目的とする国際金融機関として、当時の日本でもすでに東名高速道路の建設などへの借款が行われていた。

この世界銀行との借款契約では、当該国政府がその事業に対して行政、財政、資金などあらゆる援助をするという保証をすることが義務づけられていた。したがって、世界銀行からの借款を受ければ、内閣が代っても政府として事業完成の義務を負うから、追加予算なども承認せざるを得なくなる。すなわち、新幹線計画について世界銀行から金を借りるということは、金額そのものよりもむしろ、政府に新幹線計画の継続を義務づけさせるという政治的な意味が大きかったのだ。

そして、この世界銀行からの融資については大蔵省が融資の順位を決定する権限を持っていた。したがって、その大蔵省のトップに立つ佐藤が融資順位の優遇という形で支援することを約束するというのは、これ以上ないサポートと言ってよい。政策の転換が広軌改築計画を葬り去った歴史を熟知した元鉄道官僚の佐藤らしい発想である。

「世界銀行の融資史上、最大の成功例」

昭和34（1959）年10月に来日した世界銀行の幹部に対し、佐藤は大蔵大臣として鉄道借款を正式に申し入れた。ただし、戦災国日本といえども、世界銀行から借入金を引き出すことは、現実にはそう簡単なことではなかった。

最大の問題は、戦災復興や発展途上国の産業開発を支援する世界銀行は、未経験の新技術による実験的な企画には融資をしないことになっていたため、時速200キロ以上で運行する新幹線のような革新的な高速鉄道への借款が認められるかどうか、という点にあった。これに対して島秀雄ら国鉄関係者は、新幹線はあくまでも狭軌で証明済みの技術を集積して広軌鉄道に応用するだけだと強調する。これは方便ではなく、昭和33（1958）年11月には東京〜大阪間を7時間弱で結ぶビジネス特急「こだま」がデビューしており、その「こだま」車両を用いた東海道本線での高速試験運転では時速163キロの世界最速記録を持っていた。

アメリカ・ワシントンの世界銀行本部で行われた世界銀行借款調印式。前列左より朝海駐米大使、ウイリアム世界銀行副総裁、十河国鉄総裁、後列左より鈴木世界銀行日本理事、兼松国鉄常務理事（昭和36年5月11日付交通新聞）

その他の数々の難題も何とかクリアし、正式な借款調印に至ったのは昭和36（1961）年5月。当初に国鉄が申し込んだ2億ドルの融資額は高額を理由に半減され、さらに電電公社（現・NTT）の外債発行2000万ドル分と合わせて1億ドルとなったので、国鉄の分は8000万ドル。1ドル＝360円だった当時の為替レートで換算すると288億円で、国会で承認された2000億円近い総工費の15パーセント弱に過ぎなかったが、それでも、当時の日本向け融資額としては最高額の借款だった。何より、佐藤が目論んだ通り、これによって日本政府が新幹線計画を成功させる義務を対外的に負った事実は、金額に換算できないほどの大きな収穫となったのである。

明治の末に鉄道院に入り、後藤新平たちによる広軌改築論の挫折を間近で見てきた十河は、ワシントンで行われたこの借款調印式に出席して「これで新幹線は出来上がったも同然だ」と言い、帰国後に後藤新平らの墓に参ってそう報告したという。その言葉通り、東海道新幹線はそれから3年半後の昭和39（1964）年10月に無事開業した。

東海道新幹線の実現には、国鉄総裁の十河と技師長の島の2人が大きな役割を果たしたと評価されることが多い。とりわけ、十河は若き日に広軌論者の後藤新平の薫陶を受けたこと、島は父の安次郎が後藤の下で広軌改築実験に携わった技術者であり自らも戦時中の弾丸列車構想に関わっていたことから、両者による新幹線計画の推進は、時にドラマチックな物語として描かれることもある。

それはそれでもちろん間違いではあるまい。だが、我が国の広軌改築論の興亡史を顧みれば、蔵相としての権限を最大限に利用し、世界銀行を巻き込んで新幹線計画を国内政争

東京駅で行われた東海道新幹線の開業式（昭和39年）

から切り離そうとした佐藤栄作の発想こそ、計画実現に最も不可欠な存在だったとも言えるのではないだろうか。国論を二分するほどの重大な鉄道政策において、これほど計画の実現を現実的に裏付けた施策は他に例を見ない。元鉄道官僚にして次代の首相の座を狙う佐藤ならではの見事なアイディアだったと評すべきだろう。

　ちなみに、世界銀行との借款で定められた償還期限は20年。日本政府はその契約通り、締結から20年後の昭和56（1981）年5月にその全額返済を完了した。その間もその後も、新幹線が世界に冠たる高速鉄道として発展を続けてきたことは今さら多くを語るまでもない。世界銀行では今も、「数ある世銀借款の中で、もっとも成功し、稔り豊かで、かつ世銀にとってもっとも誇らしい融資が、日本の東海道新幹線建設である」と語り継がれているという（高橋団吉『新幹線をつくった男　島秀雄物語』小学館、平成12〔2000〕年）。

第3章

「我田引鉄」で生まれた鉄道

1　二大政党の激戦が生んだナベヅル路線

建主改従論は地方での選挙戦略だった

鉄道事業が政争の対立点となることは、国家全体の長期的な一貫した鉄道政策に混乱をもたらしたという事実を、具体的な史実とその中心人物に注目しながらここまで眺めてきた。そして、明治以来の我が国の鉄道政策における重大な争点の一つが軌間の異なる鉄道建設の是非にあったことも、前章までに紹介してきた通りである。

ただ、改主建従論に支えられた広軌改築計画が政争の末にいったんは敗れつつ、それから50年後に新幹線として結実したというストーリーを結論から遡って俯瞰すると、いかにも、大正時代に政友会が唱えた建主改従論が、国家全体の利益を無視し長期的展望に欠けた不適切な政策論であったかのようにとられかねない。だが、両政策とも国家全体の利益を図る目的は共通であり、ただその方法論が違うだけであったという建前までは否定できない。

『日本国有鉄道百年史 第7巻』（昭和46〔1971〕年）の要約によれば、建主改従論の論旨は以下の通りである。

「鉄道国有の目的は鉄道網の普及にある。現在鉄道線路は一地方に偏在しているから、全国各地方に鉄道を建設し、産業の発展と地方の開発をはかることが急務である。また、現在不経済な新線でも将来7～8年すれば必ず収支相償うに至るであろう。既成線は現在の施設をもってしても運転上危険がない。したがって、改良をあえて急ぐことはなく、必要最小限度をもってすれば足りる」

これに対する改主建従論は、

「日本の現在の国力では建設をどしどし進めてみても産業の発展を招来することはできない。また、経済力の貧弱な地方に鉄道を建設しても収支がとれず、鉄道の経営は危機に陥る。現在すでに幹線の輸送は行きづまりをきたし、しかも、運転上の危険が少なくない。したがって不急の建設を中止し、改良に主力を注ぐべきである」

双方を比較してみると、運転上の危険があるかどうかは技術や統計の問題であって、分析によってそれなりの回答、つまり危険があると言えるかどうかの数字上の結論に辿りつくことはある程度まで可能かもしれない。だが、「全国各地へ鉄道を普及させて国全体の産業を発展させる」ことと、「将来の産業の発展のため、全国に鉄道網が広がる前に基本的な改良をしておく」ことは、いずれの理屈も総合的にみて国全体の利益を図ろうとする趣旨から出ている以上、客観的にどちらが正しいのかを数字のような明確な指標をもって示すことは不可能と言うしかない。

ただし、各政党がそれぞれの意見を主張した背景には、この建前論に現れない事情がある。そもそも明治末期から大正時代にかけて建主改従論を主張した立憲政友会という政党は、主として農村の有力者層を支持基盤としていた。大正時代に議会でこれと対立した憲政会は、主に都市部を選挙地盤としていた。そして、未だ鉄道の恩恵に属さない多くの農村部では鉄道の普及が強く望まれた。このため、新しい鉄道路線を誘致・建設することは、政友会にとって選挙に勝つための重要な方策だった。ところが国の予算には限りがあるから、広軌改築計画を実行すれば、新線建設に回せるだけの予算がその分だけ減ってしまう。それゆえに、政友会は広軌改築論に党を挙げて反対したのである。

政権交代で鉄道予算が二転三転

そして、今も昔も同じだが、政策論争は机上の空論ではない。その政策を唱える政党が政権を獲れば、前政権で否定されていた政策に予算がついて本当に実行される。大正から昭和初期にかけて、政権の担い手が選挙によって頻繁に交代した時期は、鉄道政策の予算の変動にそれが露骨に現れた。

再び『日本国有鉄道百年史 第7巻』を繙くと、原政権誕生時の大正7(1918)年度から昭和11(1936)年度までの各年度の鉄道建設費と改良費の決算額比較一覧表が掲載されている。先に述べたように、大正7年に原敬率いる政友会が初の本格的政党内閣を組織すると、年来の主張であった建主改従論をさらに強く主張するようになるのだが(76ページ)、その効果はこの決算額比較一覧から一目瞭然である。

すなわち、鉄道建設費は原内閣が予算を組んだ大正8(1919)年度が前年度の1700万円よりほぼ倍増(3500万円)、翌大正9(1920)年度はさらに前年比約1・7倍(5900万円)となり、大正11(1922)年度は大正7年度に比べて4倍(6800万円)にまで達している。鉄道改良費は大正8年度こそ前年度(5500万円)から倍増(1億4000万円)したが、その後は大正11年度の1億3800万円まで微増に留まっている。政友会内閣の建主改従方針の成果であることは明らかだ。

その後、大正13（1924）年に政友会・憲政会・革新倶楽部の護憲三派による加藤高明内閣が成立したが、衆議院の比較第1党は憲政会だった。この内閣から昭和7（1932）年の五・一五事件で犬養毅首相が暗殺されるまで、「衆議院の第1党の党首が内閣を組閣する」という大正デモクラシーの影響を受けた慣例に基づいて政権担当者が交代したことから、鉄道政策の予算はそのたびに二転三転した。

加藤連立内閣は成立翌年の大正14（1925）年に政友会と革新倶楽部が内閣を離れたため、憲政会単独内閣となった。憲政会政権は次の第1次若槻禮次郎まで続いたが、昭和2（1927）年に政友会が政権を奪還して田中義一が内閣を組織。その2年後の昭和4（1929）年、憲政会が政友本党と合併してできた立憲民政党の浜口雄幸内閣が政権を奪い返し、次の第2次若槻内閣まで民政党政権が続き、昭和6（1931）年末に政友会の犬養毅がこれにとって代わったという経緯を辿る。

以上の政権交代の影響は、鉄道政策の予算変動に顕著に現れている。憲政会の加藤・第1次若槻政権下では、建設費が削減されつつ改良費はアップを続けた。政友会の田中内閣が組んだ昭和3（1928）年度と昭和4年度の予算では、逆に建設費が上昇し、改良費は削減されている。その後を受けた民政党の浜口内閣は昭和5（1930）年度予算で建設費も改良費も共に削減しているが、これは鉄道に限らず総合的な緊縮財政政策が採られたためと見られる。昭和6（1931）年末に犬養内閣が成立すると、昭和7年度の予算では改良費は縮減しつつ建設費が再び増加に転じている。

このように、大正デモクラシーの成果として政権交代が頻繁に行われた時期、政友会が政権を握れば鉄道予算は建設費が増加し、憲政会やそれを受けた民政党が政権を担えば改良費が増加したのである。

鉄道敷設法の改正で全国鉄道網を完成させる

そのような政権交代による政策変動に一定の歯止めをかける効果をもたらしたのが、大正11年に政友会政権の下で成立、施行された鉄道敷設法の改正法であった。

それまでの鉄道敷設法は明治25（1892）年に制定されたもので、その主たる目的は北海道以外の幹線鉄道の整備にあった。北海道については明治29（1896）年に北海道鉄道敷設法が制定されたが、これもまた幹線鉄道を建設予定線として挙げている。

これに対してこの改正法に定められた予定線のほとんどは地方支線で、北海道を含めた全国の支線網を整備することにより、すでに完成しつつあった幹線網と併せて国内鉄道路線網を完成させることに主眼が置かれていた。別表として改正法に定められた予定線は実に149に及び、その総延長距離は1万キロを超えている。「一地方に偏在する鉄道を全国各地に建設し、産業の発展と地方の開発を図る」ことを目指した政友会の鉄道政策の総仕上げとでも言うべき法律である。

全国に広がる個々の路線をいちいち列挙して予定線とする法律を定めたのは、首相に就任した原敬に鉄道次官の石丸重美が提案したことがきっかけだった。原は大正9年11月11日付の日記で以下のように綴っている。

「石丸鐵道次官來訪、鐵道豫算に付今年は少許の新線を提案して他の反感を惹起すも不得策なれば、寧(むし)ろ今年は一切の新線提案は見合せ、鐵道網の完全なるものを擧げて之を法律となし、確定し置く事可ならずやと云ふに付、余夫(そ)れも慥(たし)かに一案なり、篤(と)くと講究すべしと云ひ置けり」『原敬日記 第九巻 首相時代(下)』(乾元社、昭和25〔1950〕年)

つまり、毎年少しずつ新線建設の提案をしてそのたびに野党の攻撃を受けるよりも、完全な鉄道網計画を一気に作って法律化した方が、議会での審議は法案制定時だけで済み、後年の政府の動きをある程度拘束することも可能なので長期計画の実現には都合が良い、という発想である。

その原はやがて東京駅頭で暗殺されて亡くなる。だが、原内閣が帝国議会に上程したこの政府案は原の死後も審議が行われ、大幅な修正が施されることなく成立した。政友会政権が主唱する建主改従政策を体現したこの改正法は、それから60年以上が経過した昭和62(1987)年に国鉄が分割・民営化されるまで存続し、日本の鉄道政策の根幹を成し続けた。現在のJRの支線の大半はこの改正法に基づいて誕生したのだから、原や石丸の目的は見事に達成されたと評価できるのではないだろうか。

我田引鉄の代表例・大船渡線

政友会の建主改従政策が「地方の開発のために鉄道を誘致する」ことを建前として掲げていたとしても、個々の政治家が全てその理念を第一義としていたとは限らない。政友会の支持基盤が鉄道普及を求める農村にあった以上、建主改従論が選挙上有利であったことは疑う余地がなく、したがって、立派な建前を掲げつつも「他の地域の開発はどうでもい

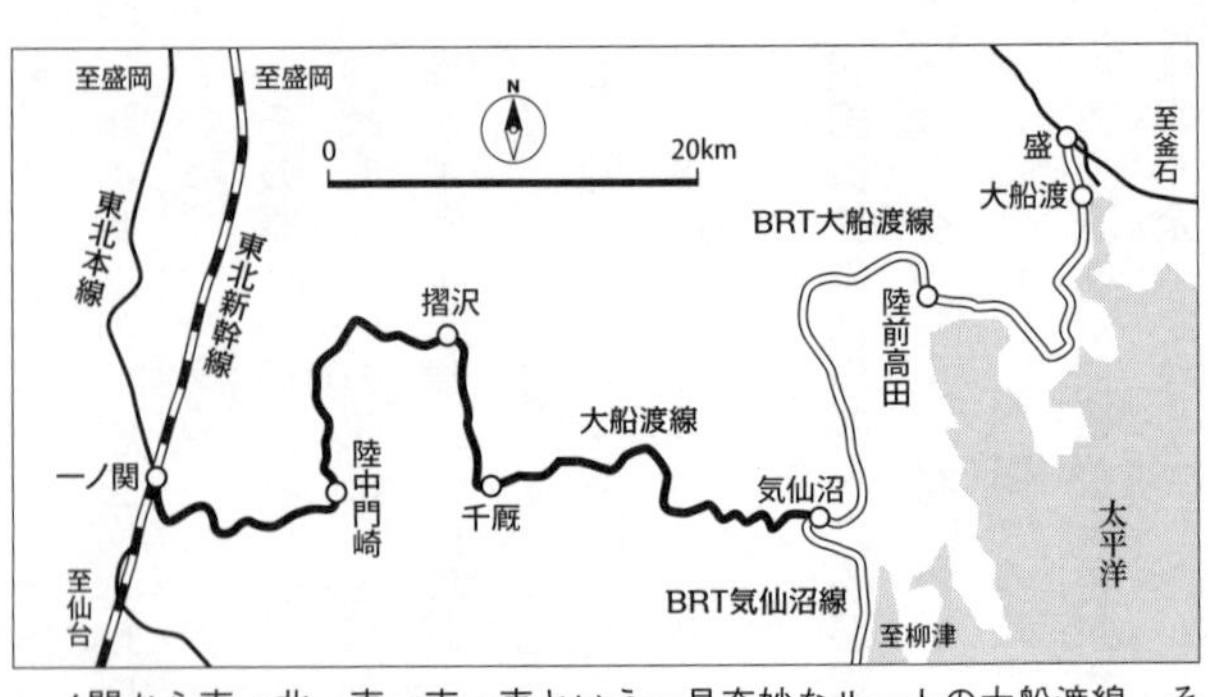

一ノ関から東→北→東→南→東という一見奇妙なルートの大船渡線。その線形から“ナベヅル路線”と呼ばれた

いから、とにかく自分の地盤に鉄道を持ってくる」という本音を抱いていた政治家や、それを支える地元の支持者がいてもおかしくはない。特に、支線の建設は都市部を結ぶ幹線の場合にも増して、議員の選挙地盤の利益と結び付きやすい。

かくして、政友会を中心に、地方出身議員による地元への新線誘致の動きが目立つようになる。このように、政治家が専ら自分の選挙区の利益を図るがごとく鉄道を誘致する動きは、後に「我田引水」をもじって「我田引鉄」と揶揄されるようになった。

その代表的な事例として頻繁に取り上げられるのが、岩手県と宮城県を走るJR大船渡線（一ノ関～気仙沼）だ。その線形のいびつさゆえに、古くから「ナベヅル路線」と言われてきた。平成4（1992）年からは、その線形が竜の形に似ているという理由で、

「ドラゴンレール」という愛称を路線名に冠している。

　大船渡線は大正7年、当時の軽便鉄道法に基づいて一ノ関～気仙沼間の鉄道建設計画が策定された。このときの案では、経由地についての明示はなかったものの、計画路線の距離は、明らかに陸中門崎（りくちゅうかんざき）～千厩（せんまや）間を直進することが前提だったと思われる。

　ところが、大正9年5月の衆議院議員総選挙に際して、この地域で憲政会に対し劣勢にあった政友会が、予定線から北へ大きく離れた摺沢（すりさわ）（現・一関市。平成17〔2005〕年の市町村合併前は大東町（だいとうちょう））出身の佐藤良平を候補者として擁立。佐藤は元貴族院議員・佐藤秀蔵の子で、佐藤家は明治の半ばから摺沢への鉄道誘致活動を熱心に推進してきた資産家だった。『大東町史 下巻』（大東町、平成17年）は、「当時、一関から陸中門崎・千厩への路線が計画されていたが、鉄道を摺沢経由へと変更させることを条件にしての立候補であった」との伝承を記している。

　憲政会と政友会の熾烈な選挙戦の結果、政友会の佐藤が当選。与党議員となった佐藤は、鉄道院がすでに測量に着手していた大船渡線のルートを、陸中門崎から自己の居住する北方の摺沢を経由して、千厩を通らずに大船渡へ直通するルートに変更させたとされる。これには、佐藤家が一ノ関～摺沢間の建設費460万円のうち300万円を負担したことも大きく影響していると思われる。

この頃の『鉄道省年報』を見ると、大正10年度版には一ノ関から陸中門崎までの工事や測量のことしか記録されていないが、翌大正11年版には「門崎松川間土工其ノ他工事ハ十一年七月著手セルモ線路變更ノ爲工程約二分ヲ示スニ過キス叉松川摺澤間ハ線路選定ヲ了シ諸建物工事及ヒ通信設備ニ著手」との記述がある。この時点で陸中門崎から千厩へ直進する当初の計画ルートは修正され、陸中門崎の北方にある現在の陸中松川やその北東部にある摺沢までのルートが確定していたことがわかる。

だが、予定線のルートから外れた千厩町はそのまま黙っていなかった。同町はもともと憲政会の党勢が強かったが、大正9年5月の総選挙で政友会が勝利して与党第1党になると、憲政会所属の県議でもあった町長が町民に追われるような形で同年末に退職。後任の町長には政友会支持者が就き、町を挙げての「支持政党の鞍替え」（菅原良太「続々・なべづる線沿革史—政治と『国有鉄道大船渡線』—」『東磐史学』第35号、平成22〔2010〕年）が行われた。さらに政友会所属の代議士や前掲『原敬日記』に登場する鉄道次官の石丸重美などへ、さまざまなルートから、千厩町内への鉄道駅の設置について働きかけがなされたという。

その成果なのかどうかは定かでないが、大正12年版の『鉄道省年報』には「摺澤千厩間延長四哩四十鎖ハ本年度内ニ線路選定ヲ了シ」と記録されている。陸中門崎から北東方面の摺沢まで確定していた路線が、大船渡方面へは直通せず、当初に計画されていた千厩付近を通過するプランに戻ったのだ。その後も、千厩駅の場所を町外れにするか町の中心部にするかで千厩町の鉄道誘致運動は続いたが、いずれにせよ、陸中門崎から千厩までの区間は鍋の弦（つる）のような、ＪＲに言わせれば竜の形のような奇妙な線形となり、かつては「ナベヅル路線」と呼ばれ、今ではＪＲ自らもその線形から「ドラゴンレール」を名乗るようになったのである。

もともと大船渡線の目的は、一関から太平洋沿岸地域までを最短経路で結ぶことにあった。しかしながら、「一ノ関から乗った客が陸中門崎で降りて、千厩までテクテクと歩いていくと、ちょうど自分の利用した汽車が煙を吐いてやってくる。皆汽車賃を浮かすために、陸中門崎～千厩間を歩いた」（沢和哉『日本の鉄道こぼれ話』築地書館、平成10〔１９９８〕年）という話まで語り継がれるほどの大廻りルートになってしまった。

だが、国土全体の開発計画の一環として立案された計画線を測量着手後にルート変更させてまで地元に鉄道を引っ張り、内陸と沿岸部との最短交通機関としての機能を失わせる最初のきっかけを作ったとされる佐藤良平らは、摺沢では大功労者である。摺沢駅前には佐藤秀蔵・良平親子の銅像が建てられているが、『大東町史 下巻』はこの銅像を「大船渡線を見守るように…建てられている」と紹介しており、好意的な雰囲気が伝わってくる。

2　迂回路線に名前が残る大八廻り

地名や駅名になった人名

特定の地名に特定個人の名前を用いるという習慣は、洋の東西を問わず見られる。それが古い歴史上の人物に由来する場合は別として、存命中だったり没後まもない直近の人物に由来するとなると、時に政治的な意図を感じることが少なくない。大雑把な印象として、共産主義国では独裁者や一党独裁の創始者を讃えるという政治目的での例を見ることが多いが、民主主義国の場合はその地域出身の功労者を顕彰したり記念したりするケースが主流のように思われる。

日本では、遠い過去の歴史上の人物以外にも、明治以降に開拓された北海道で、開拓の功労者の名字が市町村名になっている地方自治体があちこちにある。平成12（２０００）年に大噴火した有珠(うす)山がある伊達市（仙台藩一門の亘理(わたり)伊達氏当主として入植した伊達邦成(くにしげ)にちなむ）、ワインで有名な十勝地方の池田町（池田農場を開いた池田仲博(なかひろ)にちなむ）、月形町（町にできた初代監獄所長の月形潔(つきがたきよし)にちなむ）などがその一例だ。

また、東京湾で埋立てによって新しくできた土地に地名を付ける必要ができたときに、京浜工業地帯の造成に関わった人の名前を用いて命名したケースが見られる。これはＪＲ鶴見線の駅名に顕著で、浅野駅（浅野財閥の創設者・浅野総一郎にちなむ）、大川駅（「製紙王」と呼ばれた大川財閥の大川平三郎にちなむ）、武蔵白石駅（日本鋼管の創業者・白石元治郎にちなむ）、安善駅（安田財閥の創始者・安田善次郎にちなむ）など近代の人名に由来する名の駅が短い区間内にズラリと並んでいる。

このように、その地域への功労者にちなんで地名や駅名が作られるという慣習は、公式な名称に限らない。どこにも命名の正式な記録はないが、地元の人たちの間で俗に語られていた名称にも、近時の地元功労者の名がいつのまにか用いられていたというケースがある。

伊那谷への中央線誘致を展開する

ここで紹介するのも、鉄道路線の俗称がそうした近代の人名に由来する事例である。そのストーリーの主人公の名は伊藤大八（だいはち）。井上勝や後藤新平、佐藤栄作、原敬などに比べれば全国的な知名度は低いが、ＪＲ中央本線の一部路線が「大八廻り」と呼ばれることで、その名を今に残している。

伊藤大八は安政5（1858）年、現在の長野県飯田市の庄屋・平沢健二郎の次男として生まれ、明治7（1874）年に伊藤家の養子となった。明治10（1877）年、東京で自由民権運動の指導者の一人・中江兆民の仏学塾に入り、政治経済学を学んだ。その後、陸軍で幼年学校の訳官や測量部に在籍したのち、明治23（1890）年の第1回帝国議会衆議院議員総選挙で当選。立憲自由党所属の代議士となった。明治25（1892）年に鉄道敷設法が帝国議会で成立したときには、政府提出の関連法案とほぼ同時に提出した鉄道敷設法案の共同提出人として名を連ね、これらの法案が一括して鉄道敷設法案として審議された経緯がある。

このとき成立した鉄道敷設法は幹線鉄道の整備を目的とするもので、大正11（1922）年に改正法が成立するまでの間、日本の鉄道建設計画の基盤を成すものとなっていた（30ページ）。その第2条に具体的な建設予定路線が列挙されているのだが、その筆頭に挙げられているのが「中央線」で、以下の3つのルートが候補として記されていた。

一　神奈川縣下八王子若ハ静岡縣下御殿場ヨリ山梨縣下甲府及長野縣下諏訪ヲ經テ伊那郡若ハ西筑摩郡ヨリ愛知縣下名古屋ニ至ル鐵道

一　長野縣下長野若ハ篠ノ井ヨリ松本ヲ經テ前項ノ線路ニ接續スル鐵道
一　山梨縣下甲府ヨリ靜岡縣下岩淵ニ至ル鐵道

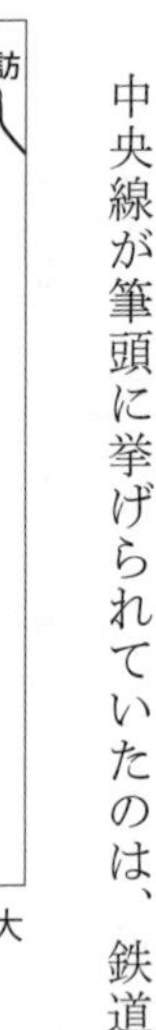

中央線が筆頭に挙げられていたのは、鉄道創業以来、軍事上の必要性が最も高い幹線鉄道として軍部が早急に建設を希望していた路線だったからであろう。

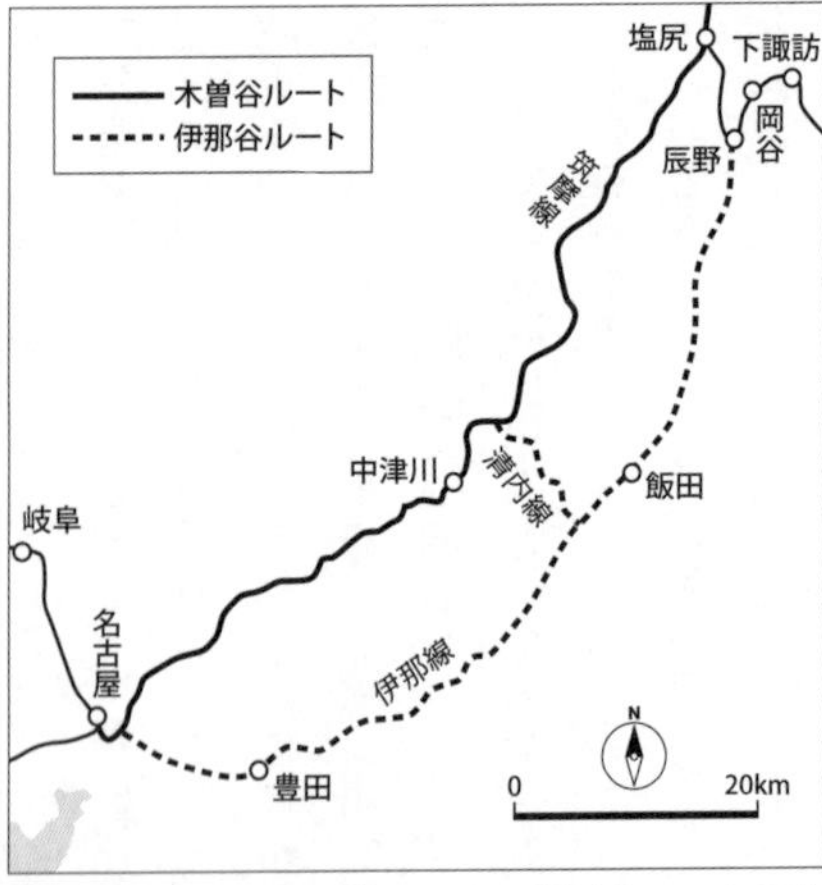

木曽谷ルートと伊那谷ルート。伊那谷ルートの大部分は現在、JR飯田線として実現している

この鉄道敷設法が成立すると、次に具体的なルートを議会で決定する作業に移る。そこで、候補ルートに挙げられた各地方では、地元への鉄道誘致を目指して活発な招致活動が展開されるようになった。

中央線の場合、鉄道敷設法の第2条第1項に「伊那郡若ハ西筑摩郡ヨリ愛知縣下名古屋ニ至ル」とある。伊那郡とは上伊那郡と下伊那郡を含む天竜川上流の伊那谷（いなだに）周辺を指し、西筑摩郡とは現在の木曽郡、つまり木曽川上流の木曽谷一帯を意味する。したがって、東京方面から延びてきた鉄道が、伊那谷と木曽谷のどちらかを経由して名古屋方面へ向かうことになっていたため、木曽谷と伊那谷の両地元が激しい誘致運動を繰り広げた。

なお、伊那谷経由のルートは飯田の南で針路を西へ転じ、木曽山脈を越えて中津川方面で木曽谷ルートに合流する清内線と、そのまま豊田方面まで南下して名古屋に至る伊那線の2つにさらに分かれていた。

飯田出身の伊藤も、この2つのいずれかの伊那谷経由線実現のため「中央線伊那谷通過期成同盟」を組織するなどして、出身地への中央線敷設を積極的に支援した。その熱心さは、後年の造語である「我田引鉄」そのものだったらしい。

西筑摩郡にルートを奪われる

だが、明治26（1893）年に政府が鉄道会議に提出した中央線の比較線路決定案では、木曽谷を通る筑摩線が選択された。人口や物産が豊富な地域を優先するならば清内線も有力候補だったが、飯田から中津川へ向かう途中で越える木曽山脈の勾配が15分の1（66・7パーミル）もあり、アプト式（2本のレールの間に複数枚の歯形レールを敷設し、車両床下の歯車とかみ合わせて急勾配を上り下りする方法）での建設を要する区間が13マイル（20・9キロ）にも達することが敬遠された。66・7パーミルとは、同年にアプト式で開業した碓氷峠（信越本線・横川～軽井沢間。平成9〔1997〕年廃止）の勾配と同じである。伊那線も清内線ほどではないが、やはり30分の1（33・3パーミル）の勾配があり、最大で40分の1（25パーミル）にとどまる筑摩線には及ばない。

また、建設費も筑摩線が最も安く、沿線の人口などから算出した乗客や貨物の利用見込みも筑摩線が最も経済的とされた。軍部としても、勾配が少なく距離が最も短い筑摩線を内陸直通幹線として望むのは当然だった。

こうして、鉄道会議では清内線に賛成する者がいたものの、多数決で政府原案通りに筑摩線ルートで建設することが決まった。この案は翌明治27（1894）年の帝国議会で賛同を得て、正式に中央線のルートとなった。この木曽谷を通る筑摩線が、現在のJR中央本線塩尻～名古屋間、通称〝中央西線〟である。

伊那谷の入口・辰野への路線誘致の内幕

かくして、伊那谷方面へ中央幹線を走らせようという伊藤たちの目的は達せられなかった。だが、伊藤はそこで諦めず、岡谷から塩尻に向かうルートをせめて辰野経由に変更させようと考えた。辰野は伊那谷の北の入口である。

結果として、中央本線は伊藤の目標通り、岡谷から南下して辰野を経由。再び北上して塩尻へ至るルートで明治39（１９０６）年に開業した。直線ルートに比べて倍以上の距離を要する迂回路線である。

問題はこのいきさつである。通常、衆議院議員である伊藤がルート変更を求めて奔走するとすれば、鉄道関係の権限を持つ役所への陳情や請願、ときには自らの政治的影響力をちらつかせての直接交渉などが考えられる。だが、伊藤が採ったとされる方法はそうではなかった。

この経緯については、辰野の正史というべき『辰野町誌 近現代編』（辰野町誌刊行委員会、昭和63〔１９８８〕年）に記されているので、以下やや長いがそのまま引用する。

「辰野駅開設に至る経過については、伊藤大八の功績によるところが大きい。辰野町は勿論、伊那谷に今日の発展をもたらしたのは、彼が中央線を辰野へ迂回させた結果によるからである。（中略）

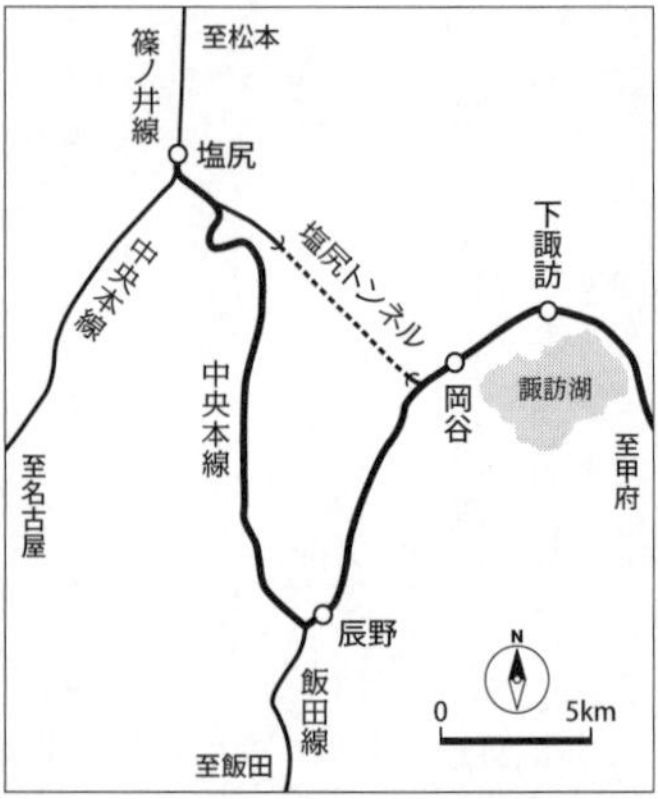

岡谷〜塩尻間の路線図。辰野経由の南廻りルートが“大八廻り”。現在、同区間は塩嶺トンネルで短絡している

伊那谷経由が実現しなかったので、伊藤はせめて辰野経由だけでも実現させたいと考えた。この時伊藤は帝国議会議員であり、鉄道局長という要職にもあった。当時、鉄道敷設の権限をもっていたのが『鉄道会議』であったが、ここでは、中央線は下諏訪から塩尻峠をトンネルで塩尻へつなぐ案が強力で、辰野経由などは全く考えられていなかった。何とかしてこの案の撤回を図り、辰野回りを実現しようと奔走した。鉄道会議では、この二案を検討するため現地調査を実施し、伊藤も調査に立ち合った。そして議案書に独断で『辰野経由』の文字を書き込んだといわれている。議会は、これをあまり検討せず、多数で議決し、中央線の辰野回りが実現したのである。こうした伊藤大八の功績を讃えて、この路線を『大八線』とか『大八回り』と呼ぶようになった」

要するに、伊藤は議会に提出する書類に勝手に文言を書き加え、それが議会でのチェックを免れて正式な国策となった、というのだ。本当であれば、地元への利益誘導のために国の政策をねじ曲げたとんでもない行為である。現代ならば、発覚すれば議員辞職は必至と思われる。

ところが、『辰野町誌』はこれを「功績」であると繰り返し評価している。それどころか、「これはまさに、政治路線で、伊藤大八の伊那谷住民をおもい、郷土を愛する心情と、何としても伊那谷へ鉄道を通そうという情熱の現れであったといえよう。昭和三年になって、地元の武井覚太郎をはじめ多くの人々によって伊藤大八の功績を称え、感謝の意を現わし、これを後世に伝えるために下辰野公園に胸像を建立した」と、美辞麗句の限りを尽くしてべた褒めしているのだ。立場が変われば評価も大きく異なることの好例と言えよう。

伝説の真相は不明

もっとも、この『辰野町誌』の記述が本当なのかについては、疑問もある。正史として戦後に編まれた『日本国有鉄道百年史』や大正時代の『日本鉄道史』に、そのようないきさつは記されていない。岡谷～塩尻間のルート選定については、『日本鉄道史 中篇』（鉄道省、大正10（1921）年）に次のような簡潔な記述が見当たるのみである。

「岡谷鹽尻間ニ於テ鹽尻峠ヲ貫通スル比較線アルモ之ヲ通過センニハ辰野迂回線ニ比シ工費二十六萬餘圓ヲ増加スルノ不利アリ、之ニ反シテ辰野迂回線ハ伊那郡北部産業ノ發達セル地方ヲ通過スルノ利アルヲ以テ之ヲ採擇セリ」

この記述には一定の説得力がある。というのは、昭和58（1983）年に開通した岡谷〜塩尻間の短絡ルートは、長さ5994メートルの塩嶺（えんれい）トンネルで塩尻峠を越えているが、明治30年代の当時、このトンネルを掘るには相当の費用と高い技術が必要だったと思われるからだ。それに、蒸気機関車による長大トンネルの通行は、乗務員が窒息する危険も伴う。また、長大トンネルの代わりに急勾配を上下する路線を造ろうとすれば、そもそも急勾配を避けて筑摩線を選択した意味が薄れ、軍事上の支障も生じるから軍部の反対も受ける可能性がある。

つまり、辰野経由のルートはこの『日本鉄道史』の記述通り、当時としてはそれなりに合理的な意味を持って選定されたと考えることができるのであって、「下諏訪から塩尻峠を

岡谷～辰野～塩尻間開業100周年記念列車の出発式（平成18年）

トンネルでつなぐ案が強力」だったという『辰野町誌』の記述には疑問符が付く。したがって、それを伊藤が半ば脱法的手段で辰野経由に変えてしまったという話も、冷静に考えると真偽が定かでないと言わざるを得ない。その真相については、今後の専門家の研究を待ちたいと思う。

ただ、伊藤にしてみれば、辰野への鉄道開通が自身の功績として地元の人々に認識されたことは、真偽はともかく政治家として大きな成果であったと言ってよい。どんなに遠方の利用者から「褌みたいに垂れ下がった迂回区間を…遠回りをさせられている」（宮脇俊三『最長片道切符の旅』新潮社、昭和54（1979）年）と酷評されても、地元ではその名が路線名に残るほど、今も不動の「功績」として語り継がれている。国政に携わる政治家としてはどちらが本望なのか、という点は、泉下の伊藤に尋ねてみたいところではあるが。

3　上越新幹線と田中角栄

「日本列島改造論」で語る新幹線への情熱

「工業の再配置や地方都市づくりをすすめるためには、交通網や情報網の先行的な整備が欠かせない条件である。人、物、情報の早く、確実で、便利で、快適な大量移動ができなければ、生産機能や人口の地方分散はできないからである。地方都市や農村の多くは、産業に必要な労働力、土地、水を持っているが、大都市にくらべて、長年にわたって蓄積された社会資本にとぼしい。そこで鉄道、道路をはじめとする産業や生活の基盤をつくり、地方における産業立地の不利をおぎなうことが必要である」

「新幹線鉄道のメリットについては、もはや多言を要しない。朝の八時に東京駅から『ひかり号』で出発した乗客は、午前十一時十分に新大阪駅に着く。片道三時間十分は日帰りに十分な時間である。しかも料金は現在の一人あたりの国民所得から割出してほぼ二日分の収入をあてれば足りる。（中略）ある学者の計算によると、三十九年十月から四十六年三月までの東海道新幹線の乗客は三億六千三百万人であり、これらの人たちは在来線を利用した場合にくらべると総計八億三千五百万時間を節約した勘定になる。これを生産にあてはめると五千五百億円に相当する効果があり、労働時間に換算すると三十五万人のホワイトカラーを生み出したことになるという。三十五万人の労働力というのは神戸市クラスの労働力にあたる。このように新幹線鉄道は人間の移動を効率化し、経済の生産性を高めているのである」

以上はいずれも、昭和47（1972）年6月に日刊工業新聞社から刊行された田中角栄の著書『日本列島改造論』の一節である。出版直後に自民党総裁選挙で福田赳夫を破り、佐藤栄作の後を受けて首相に就任した田中が、自身の政治構想を集約したこの一冊は、総計で91万部を売り上げる大ベストセラーとなった。

同書には、「全国新幹線鉄道網理想図」という略図が描かれている。そこには、当時開業していた東京～岡山間の東海道・山陽新幹線の他に、北海道から鹿児島まで全国に新幹線の路線が文字通り網のように張り巡らされている。その図の真下の本文には、「これからの新幹線鉄道は、人口の集中した地域を結ぶだけではなく、むしろ人口のすくない地域に駅を計画的につくり、その駅を拠点にして地域開発をすすめるように考えなければならない。

その場合、国鉄、地方自治体などが協力して、新設する駅と、その周辺地域の土地を先行取得することが必要である」とある。既存の東海道新幹線は在来線の輸送力を補完する意味を持っていたが、国土全体の総合的な開発のためには、発展途上にある地方に国家が責任を持って新幹線を建設すべき、というわけだ。

そして、「九千キロメートル以上にわたる全国新幹線網が実現すれば、日本列島の拠点都市はそれぞれが一─三時間の圏内に入り、拠点都市どうしが事実上、一体化する。新潟市内は東京都内と同じになり、富山市内と同様になる」として、具体的な都市名を挙げてその効果を解説している。

言うまでもなく、最初にその名を挙げた新潟は田中の故郷であり、その新潟市内と東京都内を結ぶ新幹線こそ、当時すでに建設工事が始まっていた上越新幹線である。史上初めて日本海側に開通したこの新幹線が、新潟が生んだ不世出の政治家・田中角栄の力なしで完成したと考える日本国民は、田中が没して約30年後の今なお、おそらくほとんどいないであろう。

自民党政調会長として鉄道政策に関与

田中は大正7（1918）年、新潟県刈羽郡二田村（現・柏崎市）で牛馬商の父・角次の次男として生まれた。生家がある集落は新潟平野の小さな農村の一部で、冬になると2メートル以上も雪が降り積もる豪雪地帯である。

昭和8（1933）年に地元の二田高等小学校（高等小学校は、6年制の尋常小学校の後に設置されていた2年制の初等教育課程）を卒業。土木工事の現場などで働いた後、翌昭和9（1934）年に上京して土木建築会社に住み込みで勤めながら中央工学校の夜間部で建築設計を学んだ。卒業後、昭和12（1937）年に19歳の若さで建築事務所を開いている。

その後、兵役により満洲に送られるが、病気のため日米開戦前に除隊し、東京で建築会社を設立。軍関係の土建業を手がけたため、戦争の拡大は田中の事業を拡大させ、莫大な利益を挙げたと言われている。戦後、その資金を政治献金した自社顧問の政治家から衆議院議員選挙への立候補を誘われ、一度は落選したものの昭和22（1947）年に二度目の挑戦で初当選。政治家・田中角栄の誕生である。

道路建設関係の政務に携わり、数々の議員立法を手がけるなどして力をつけた田中は、昭和32（１９５７）年に39歳の若さで郵政大臣に就任。昭和36（１９６１）年には自民党三役の一つである政務調査会長に抜擢される。この政調会長就任が、田中が鉄道政策に深くかかわるきっかけだった。

当時の鉄道政策は、大正11（１９２２）年に成立した改正鉄道敷設法（97ページ）に記載されている予定路線の中から建設調査をする路線や実際に工事を行う路線を選び、鉄道建設審議会（鉄建審）という運輸省の諮問機関での検討を経た上で具体的な予算措置などを講じていく、というやり方で進められていた。この鉄建審は、会長は与党の総務会長、小委員長は政調会長が務めるというのが不文律となっていたため、田中は政調会長の就任によって鉄道政策の政治的主導権を得たのである。

新幹線建設を政治主導に

ただ、鉄建審の小委員長に就任した田中は、当初は地方ローカル線の建設に力を注いでいた。新幹線建設に本格的に取り組み始めたのは、昭和39（１９６４）年に東海道新幹線が実際に開業してからである。政調会長を務めた後、大蔵大臣や自民党幹事長を歴任した田中はその頃、将来の首相候補と目されるまでに成長していた。

田中は全国新幹線網の整備計画のため、まず自動車重量税の一部を鉄道建設に回すことで鉄道建設の財源を確保する仕組みの構築を図る。と同時に、鉄建審の委員として、新幹線建設が政府主導で行えるようにするための全国新幹線鉄道整備法の成立に精力を傾けていく。

実は国鉄時代には、「東海道新幹線」「山陽新幹線」という名の独立した路線は、書類上存在しなかった。最初にできた東海道新幹線も続けて造られた山陽新幹線も、建前上は在来線である東海道本線や山陽本線の線路を増設して複々線化した施設とみなされたのだ。したがって、運賃計算の基礎となる距離（営業キロ）も在来線と全く同じとされ、東京〜博多間は実際の距離（実キロ）は1069・1キロなのに、営業キロはそれより100キロ以上も長い1174・9キロが現在でも用いられている（運賃計算に際してはさらに4・4キロ長い運賃計算キロが適用されている）。実キロ計算と営業キロ計算の運賃の差額返還請求訴訟が起こされたこともある（一審で国鉄敗訴、二審・最高裁で国鉄勝訴）。

現実的にはどう考えても別の路線なのに「複々線化による増設線路」という理屈になっていた理由を「運賃計算の便のため」（宮脇俊三『時刻表2万キロ』河出書房新社、昭和53〔1978〕年）と見ることもあながち間違いではないだろうが、根本的な理由はその建設決定主体が国鉄自体になるところにある。つまり、新しい鉄道を造るには鉄道敷設法が定める路線として運輸省（現・国土交通省）や国会での手続きを踏む必要があったが、線路の増設ならそれらの手順は不要となり国鉄独自で決められる。事実、東海道新幹線の建設に際しては鉄建審での審議を経ていない。国鉄総裁・十河信二の主導で建設できた（82ページ）背景にはそのような事情があった。

ただ、これでは在来線が並行しない完全な新規の新幹線建設には対応できない。それに何より、国土の総合的な開発計画という見地から新幹線を捉えるならば、建設の実権を国鉄から切り離して政治主導で建設できるようにする必要がある。それが、この新しい法律の目的だった。

自ら赤鉛筆で路線を追加した

その法案で最も注目されたのは、条文の文言ではなく、その本文に添付される別表であった。当初、この法案で建設すべきとする路線はこの別表で法定する方針だった。このため、自民党の運輸族議員たちが大正時代の「我田引鉄」を彷彿とさせんばかりに自分たちの選挙地盤を利する路線を盛り込み、運輸省の当初案の3倍にも及ぶ全国9000キロの壮大なプランになったのだ。

おまけに、この自民党最終案には、幹事長の田中が自ら路線を書き加えたとの噂が立った。これについては、法案を実際に書いて自民党三役の了承を取り付けに行った運輸省鉄道監督局国鉄部長の山口真弘が後年のＮＨＫの取材に対して証言している。以下は、証言をもとにしたＮＨＫ取材班・若井俊一郎記者の記録である。

「田中は法案を受け取ると、まず別表を見た。そして、一線一線じっくりと検討しはじめた。特に、太平洋側と日本海側とを連絡する路線や、日本海側を縦貫する路線については、熱心に自分の意見を述べた。そして最後に言った。

『ここに、もう一線つけくわえるべきではないか』

田中はみずから赤鉛筆を取って、追加すべき路線を書き加えた。そしてこの案がそのまま、法案の最終案になったのである。山口は、田中が書き加えた路線がどこであるのかについては明らかにしなかった」（ＮＨＫ取材班『ＮＨＫスペシャル 戦後50年その時日本は 第4巻 沖縄返還／列島改造』日本放送出版協会、平成８〔１９９６〕年）

だが、こうして田中の意思が十分に反映され、鉄建審や自民党内での了承も取り付けた法案が、国会提出を前に佐藤栄作首相の反対を受けるという異例の事態を招いた。『佐藤榮作日記 第四巻』（朝日新聞社、平成9〔1997〕年）の昭和45（1970）年4月9日付日記には「橋本運輸大臣、鈴木総務会長等と新幹線網の図面に反対」と短く記されているだけだが、法律に路線や区間を書くと後の政府がそれに縛られてしまうから、別表や図表は削除せよというのだ。大正年間に鉄道省に入り、政友会が作った改正鉄道敷設法に具体的な路線が明記されて激しい我田引鉄が行われた時代を肌で知る佐藤ならではの意見だった。

結局、この佐藤の主張が通り、全国新幹線鉄道整備法は別表を外して昭和45年5月に成立。具体的に建設すべき路線は運輸大臣（現・国土交通大臣）が決定するものとされた。

上越新幹線が最優先の新規路線に

別表を外して成立した全国新幹線鉄道整備法は、建設すべき具体的な路線を明記していない。だが、政治主導で新幹線を建設できる環境が整った以上、田中の地元である新潟と東京とを結ぶ上越新幹線が真っ先に対象となることは容易に想像された。

果たして、同法成立から1年近くが経過した昭和46（1971）年4月、橋本登美三郎運輸大臣は同法に基づき、最初の新規路線を東北・上越・成田の3新幹線に決定した。

もともと、同法を作ったのは新幹線建設に際して鉄建審による審議を行うようにすることが目的だった。だが、基本計画に対する審議では、冒頭で運輸省の鉄道監督局長が「予算案の規模等からみまして、とりあえずの新幹線鉄道に関する基本計画といたしまして」この3路線をいきなり提案。なぜこの3路線が最優先されるのかの説明は一切なく、会合はわずか1時間10分で終了して答申案とされた。東北新幹線の終着駅・盛岡を地盤とする鉄建審会長の鈴木善幸(ぜんこう)総務会長(後に首相)が強引に押し切ったという。

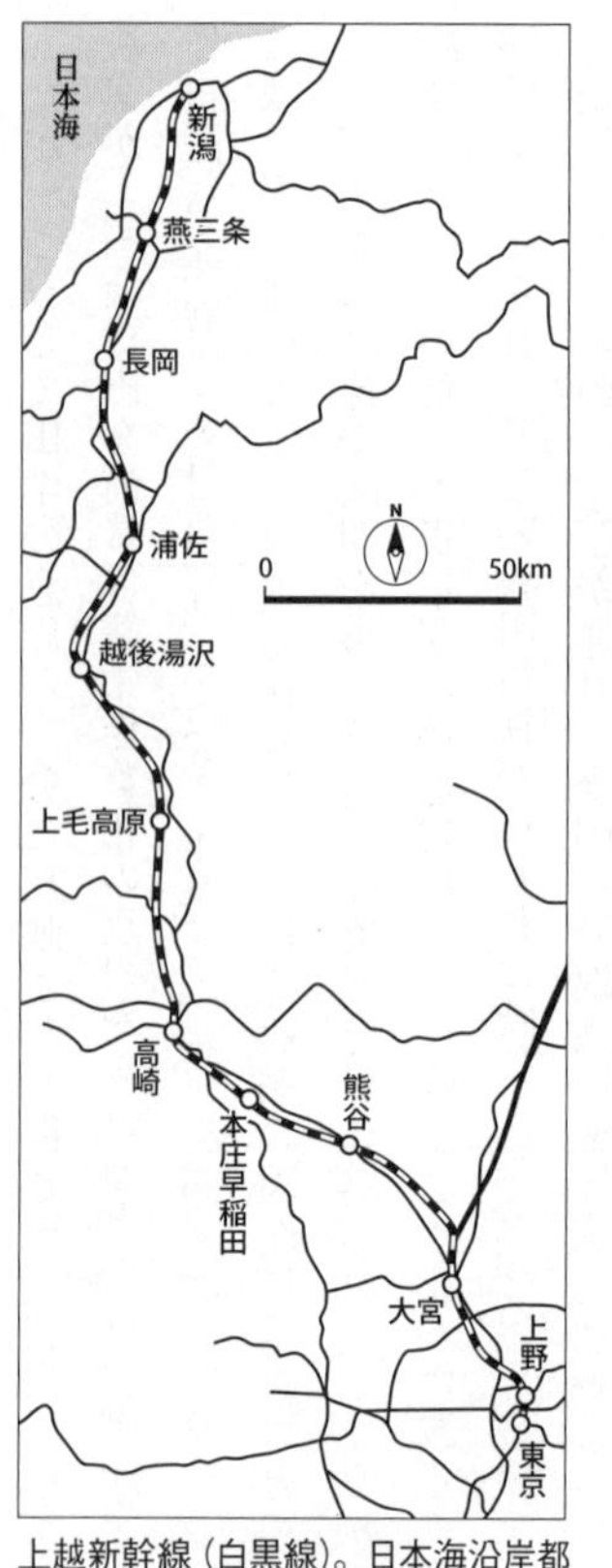

上越新幹線(白黒線)。日本海沿岸都市に発着する初の新幹線だった

さらに、この3路線の整備計画に関する後日の審議も、またも1時間10分で原案通り異議なく承認され

た。「席上、財政当局に意見を言わせず、開会前にすべてが決まっている。鉄建審ほど政治優先の色合いが濃い審議会はない」とは、この会合に大蔵事務次官代理として出席していた運輸担当主計官・金子太郎（後に環境庁事務次官）の意見である（「上越新幹線の内幕2 鉄建審はどう進められたか」『朝日新聞』昭和57〔1982〕年10月29日付朝刊）。この3路線の建設は、議論の対象ではなく最初から結論として決まっていたことが強く窺える。

首相の佐藤栄作もこの3路線の選定について当時、「福田クンと田中クンが相乗りで、それに水田クンねえ。歴代三蔵相線だね。三人が結託してやったんじゃないの」との感想を漏らしたと言われる（「上越新幹線の内幕1 幹事長室で何があったのか」『朝日新聞』昭和57年10月28日付朝刊）。岩手出身の総務会長・鈴木善幸の名は挙げていないが、群馬出身の福田赳夫と新潟出身の田中、千葉出身の政調会長・水田三喜男の地元が真っ先に選ばれたため、このような認識は政界のみならず国民全般に広まっていた。

「角栄新幹線」が走り出す

こうしてついに着工された上越新幹線は、石油ショックや度重なるトンネル工事での事故などで開業延期を繰り返しつつも、昭和57年11月15日に大宮～新潟間の開業を迎えた。

同日の読売新聞夕刊は「〃角栄新幹線〃発車」「まるで越山会祝賀会」などの見出しを社会面に掲げ、赤字が確実な新路線の政治色の濃さを強調した。

この開業日程についても、田中は何とかして東北新幹線（同年6月23日に暫定開業）との同時開業の実現を望み、強い関心と影響力を持ち続けた。開業日の朝日新聞夕刊によれば、国鉄幹部が東京・目白にある田中邸を何度も訪れては同時開業の断念や開業延期を打診したり報告したり。田中はそのたびに「何とかならないか」と粘っている。

この記事には「目白に報告」という言葉が田中邸訪問を意味するくだりで二度も登場している。田中の存在感の大きさと政治的影響力の強さが、記者をして、このような用語を全く不自然さを感じさせずに使わせたのだろう。

だが、それほどの力があったからこそ、上越新幹線が実現したことも否定できない。政治家になったときから抱いた「三国（みくに）山脈にトンネルを造り、日本海側と太平洋側を交通網で結ぶ」という初志を、彼は確かに成し遂げたのである。上越新幹線の開業当日、朝日新聞の夕刊は社会面に「熱気の越後、シラケ関東」という見出しをつけて政治新幹線の誕生を皮肉ったが、それこそが都市集中を招く都会中心の一面的な見方である、と言うこともできる。どれほど赤字が確実と言われようとも、雪国に暮らす人々にとって、この新幹線

大宮駅での上越新幹線開業セレモニー（昭和57年）

の誕生は金銭的価値に換えられない大きな意味を持っていたことは間違いない。

ちなみに、「赤字確実」と言われた上越新幹線の営業成績は、現在に至るまで一貫して優秀である。新型コロナウイルス流行直前の令和元（２０１９）年度の同線の旅客運輸収入は１２７５億６０００万円で、金額の多寡ではＪＲ東日本の路線の中では東北新幹線、東海道本線（熱海以東）、東北本線、中央本線（中央東線）に次いで第５位にあたる。正式な営業係数（１８５ページ）は公表されていないが、公開されている路線別収入額などをもとに試算した結果、平成28（２０１６）年度の上越新幹線の営業係数を44・４とする分析がある（梅原淳「全国の鉄道『営業係数』大公開」『週刊東洋経済臨時増刊　鉄道サバイバル２０１８』東洋経済新報社、平成30〔２０１８〕年）。これは同じ試算による東北新幹線（42・9）に次ぐＪＲ東日本第2位の成績であり、東海道新幹線（60・8）や山陽新幹線（52・0）をも上回っている。

第4章

政治が生み出す停車場

1　後から追加された岐阜羽島駅

唯一無視された岐阜県

昭和34（1959）年11月14日、運輸省（現・国土交通省）は「新東海道線」、つまり東海道新幹線の路線ルートと中間駅を内定したことを発表した。翌日の読売新聞朝刊には「新東海道線」の「現在線」と「新線」が描かれた略図とともに、「中間の駅は九駅」という見出しが掲げられている。記事によれば、東京～大阪間に設けられるその9駅とは「現横浜線菊名、小机（こづくえ）駅付近に横浜駅」（現・新横浜駅）、小田原、熱海、静岡、浜松、豊橋、名古屋、米原、京都となっている。東海道新幹線のルートは概ね在来線に並行しているため、横浜以外は在来線の主要駅と接続することができた。

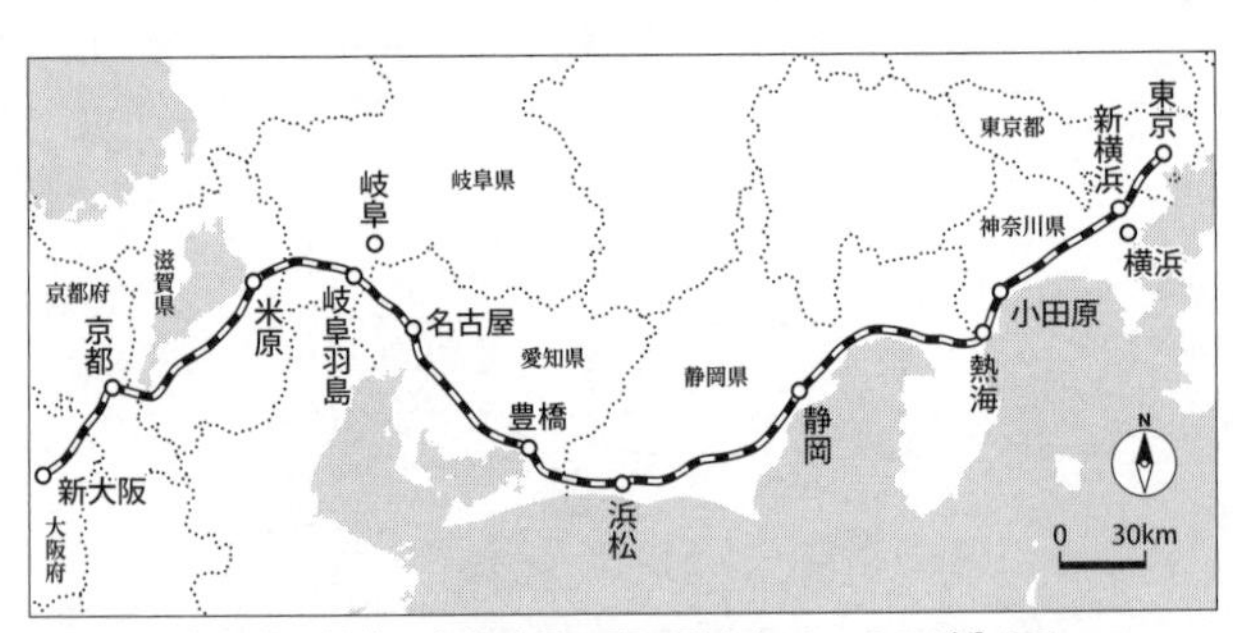

開業時の東海道新幹線。各都府県に駅が配されているのが分かる

ところが、岐阜県内だけはそうはいかなかった。県内主要都市である岐阜市や大垣市を経由すると、路線が大幅に迂回して工事費がかさみ、開業後の所要時間が長くなる。直線区間にならないからスピードも上がらず、高速鉄道の威力が減殺される……。

名古屋から一直線に大阪方面を目指せれば、岐阜県内を通らないからこのような悩みは生じない。だが、その場合は鈴鹿山脈に長大なトンネルを掘らなければならず、地質調査の結果はかなりの難工事を予測させた。それによって生じる必要経費の上積み、延長される工期の長さなどを勘案した結果、直線ルートは採用できなかったのである。

そうなると、なるべく直線区間を多くして距離を短くするためには、岐阜県内だけ東海道本線から遠く離れた場所を通る必要があり、在来線との接続駅が設けられない。そのため、この内定案では名古屋の次の駅は米原とされており、岐阜県内は素通りすることになっていた。

３日後に羽島駅が追加される

それからわずか３日後の11月17日、運輸省は国鉄が申請した中間駅の設置案を認可した。その中に、３日前の発表にはなかった「岐阜県下に一カ所」というあいまいな１駅が突如として追加されたのである。記者会見で説明役を務めた運輸省大臣官房長・細田吉蔵（後に運輸大臣）は後年、「新横浜、小田原、熱海……と九駅について順に説明した。だが、岐阜については決まっていなかったので話せなかった。『その他にもう一つできる予定だ』と話したら、『どこだ、どこだ』ということになって『岐阜県内です』とだけ説明した」（『戦後史開封』取材班〔編〕『戦後史開封』扶桑社、平成7〔1995〕年）と回想している。

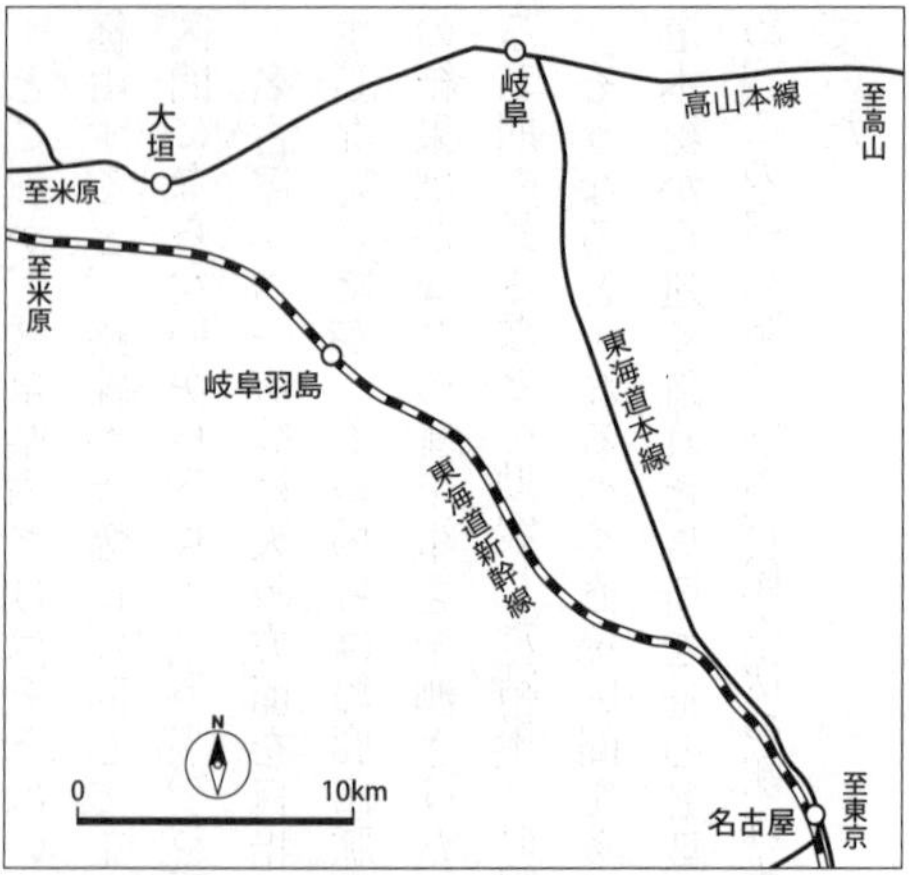

岐阜羽島駅と東海道本線の位置関係。岐阜・大垣の岐阜県内2大都市から大きく離れている

　会見では具体名が明らかにされなかったにもかかわらず、翌朝の新聞各紙は、それが人口4万人ほどの小都市・羽島市付近であることをいっせいに報じた。と同時に、それが岐阜県選出の自民党副総裁・大野伴睦代議士の影響力によって設置されることになった「政治駅」であると大きく書き立てた。

大野伴睦。明治23（１８９０）年に岐阜県山県郡谷合村（現・山県市）で大野直太郎の四男として生まれ、明治大学在学中に護憲運動に参加。政友会に所属し、大正末期に東京市議会議員を務めた後、市議選で一度、衆院選で二度落選の辛酸を嘗めながら昭和５（１９３０）年の第2回普通選挙でようやく当選を果たし、国政の舞台に立った。以来、戦時中の翼賛選挙で非推薦候補として落選したのを除き、それまで衆議院議員に11回当選。衆議院議長や北海道開発庁長官などを歴任し、昭和30（１９５５）年の保守合同による自民党結成後はすでに3回も副総裁を務めていた政界きっての大実力者である。このとき69歳。

この新駅追加のニュースを「東海道新幹線に『政治駅』」と5段抜き見出しで扱った朝日新聞は、「〝大野先生のお陰〟手放しでよろこぶ地元」との見出しを別に掲げ、一方で「国会議員の無理強いに国鉄が振り回されるのはけしからん」という評論家や東大教授のコメントが添えられている。同日の読売新聞は「伴睦老に寄り切られる？」との見出しに続けて、「〝国民の鉄道〟である新幹線に汚点をしるしはしないかと非難が起こっている」とのリード文で、大野の政治介入を名指しで批判する記事を載せている。

「駅を作らなければ岐阜県内を通過させぬ」

この日の朝日新聞の記事は、大野自身やその周辺からもコメントを取った精力的なものになっている。それによれば、国鉄が岐阜県内の素通り案を発表したとき、大野は「岐阜県内に駅が一つもないことは絶対に承服できぬ。どうしても駅をつくらなければ、岐阜県内を通過させぬ」と言って激怒したという。

この発言だけ読めば、与党の実力政治家が東京〜大阪間の高速運転という新幹線本来の目的を阻害してまで自分の地元の利益をゴリ押ししようとしたような印象を受けかねない。だが、同じ紙面にある大野自身のコメントからは、「激怒」の雰囲気は伝わってくるものの、単なる無理強いとまでは言いきれない事情も読み取ることができる。

「国鉄が中間駅を九ヵ所内定したといってきたが、通過する各県に駅を設けているのに岐阜県だけは全く素通りだ。こんなものはバカげている。国鉄の中で決めるべきことだが、こんな案では用地買収に協力致しかねるといっておいた。私としては岐阜市を通してほしかったが、建設費もかさむし大回りになるというので、ムリはいえないと譲歩した。今度の駅設定で県民は大喜びだ。鉄道というものは本来そういうものではないか。」(『朝日新聞』昭和

34年11月18日付朝刊）

　東海道新幹線の建設過程で困難とされたことはいくつもあるだろうが、その中に「用地買収」があったことは間違いない。どんなに技術を向上させても資金を用意しても、路線を造るための用地買収に地権者が応じてくれなければ新幹線は造れないからだ。

　もしも新幹線が岐阜県内を素通りしてどこにも停車しなければ、用地買収に応じた岐阜の地権者たちには金銭以上の何らのメリットもないどころか、近隣への騒音やら不測の問題を生じさせかねない。地権者でなくても、新幹線が在来線の特急・急行列車の運行に優先されるとすれば、県内で利用できない新幹線は県民全体にとって有害無益ですらある。そのような新路線のために大切な土地を手放すことはできない。たとえ東京～大阪間を最速で結ぶのが目的だとしても、岐阜県を通る以上は岐阜の県民感情を無視することはできなかったのだ。

　大野自身が強調したのはこの点だったらしい。「岐阜県内を通過させせぬ」というのは、朝日新聞のコメントにもあるように「これでは県民感情が収まらないから用地買収に協力できない。その結果、岐阜県内を新幹線が通れなくなったらどうする」という意味の発言が、有力政治家の横暴な姿勢を端的に示すものと受け取られて伝わったのではないだろうか、というのは私の推測である。

もちろん、政治家は言葉をとりわけ大切に選ぶべき職業だから、意図と異なる受け取られ方をして「そういうつもりはなかった」と言っても、言い訳にはならない。ただ、大野はこの3年後に自ら書いた回顧録で、「政治家として当然のことをいったまでだが、まるで私が横車を押したかのように、新聞は騒ぎたてる」と、このときの報道内容への不満を率直に綴っている（大野伴睦『大野伴睦回想録』弘文堂、昭和37〔1962〕年）。

語り継がれる「岐阜県と国鉄の調整役」

ときの新聞記事が必ずしも真実をありのままに伝えず、それが歴史的事実として社会に広く定着してしまうということは、残念ながら我が国のマスコミ史を繙けば少なからぬ先例が存在する。そしてこれまた残念なことに、そういう場合にマスコミが自社の報道を後から省みて積極的に訂正する例は決して多くない。

この岐阜羽島駅の場合も、後になって大野本人はもとより、多数の関係者から「あれを政治駅というのは誤解だ」という回想が続出している。その大要は、「大野は新幹線ルートに対する岐阜県民の反対運動と国鉄との間に立って、両者の調整役を果たした」というものである。

国鉄が岐阜県下の1駅を中間駅に含めてルート案とともに認可を受けた旨発表されると、岐阜県内では岐阜市から遠いこの計画への不満が高まり、国鉄にルート北上案を陳情したり、県民総決起大会が開かれれば岐阜県知事自らこのルート案反対の先頭に立った。大野の予想通り、用地買収反対の動きも活発になり、県境には「国鉄職員は入るべからず」という看板まで立てられる始末だった。

その一方で、岐阜県の要望通りにルートが北方へ移動すると都合が悪くなる愛知県の一宮市や尾西（びさい）市からは、北上反対の陳情が相次いだ。これらが国鉄当局だけでなく、岐阜出身の大野副総裁のところにも再三押し寄せ、その対立は深刻なものとなっていた。建設省（現・国土交通省）の技監として東京のほか岐阜や名古屋で勤務した小西則良によれば、「岐阜県内の路線は、図面上も永い間空白となっていた」（「思い出二つ」『大野伴睦―小伝と追想記―』大野伴睦先生追想録刊行会、昭和45〔1970〕年）という。

「国鉄が大野から圧力を受けた」という説を真っ向から否定するのは、その国鉄の総裁だった十河信二である。十河は『大野伴睦―小伝と追想記―』に寄せた「〃羽島駅〃の真相」

という手記で、「お願いしたくなかった」という大野と直接話し合ったときのやり取りを書き残している。それによれば、十河が「岐阜、大垣へ迂廻すると、距離は伸び、時間がかかり、新幹線の根本をそこなうことになる。両市に近い地点を択び、便利な所に、駅を作ればよいではないか」と迫ると、大野は「それは尤もだ。よし、自分が行って、知事や、県会議長に依頼し、何とかしよう。同行しろ」と返答したという。この話し合いでできたのが岐阜羽島駅であって、「大野さんの協力がなかったならば、新幹線の完成が、よほど遅れたことでしょう」と結んでいる。

岐阜県副知事だった熊本政晴も同書に「羽島駅」という、やや長めの追想記を寄せている。ここでは、当時の国鉄常務理事兼新幹線総局長の大石重成と熊本の二人が資料を整えて大野のところへ行って協力を求めたところ、「国家的大事業に一部の無理を通すことはいかぬ。国鉄を信用してすべてその決定に任すべき」との返答を得られたというエピソードが語られている。

中間駅認可の記者会見をした運輸省大臣官房長の細田も、「いきさつから、政治力で無理やりつくったと伝えられているが、そうではない。岐阜県の意見を一本にしてくれたのが大野さんだ」と証言している。岐阜での反対運動が激しくなったため、「大野さんに抑えてもらうしかないということにな」り、大垣、岐阜に路線を回すよう主張する大野を大石と「二人で何度も説得した」という。そして、「最後は大石が一人で説得した。ようやく大野も折れて『よし、そこまで言うなら抑えよう。その代わり、岐阜はどこかつくるんだろうな』ということになった。『おおい、大野さんがとうとう承知してくれたぞ』という大石の言葉を細田はよく覚えている」（前掲『戦後史開封』）。

岐阜羽島駅前の銅像は黙して語らず

これらの証言を読み比べると、誰が大野を最終的に説得したのかという点で内容が一致しない。「すべてその決定に任すべき」と淡々と答えたという熊本の回想と、「その代わり、岐阜はどこかつくるんだろうな」と交換条件のような返事をしたという細田の話もまた然りである。

羽島市付近に駅を設けるという案にしても、中間駅認可を伝える朝日新聞の記事では、当時の岐阜県知事・松野幸泰（ゆきやす）が「（新駅が）羽島市にできることは、実は十五日の朝、大野副総裁の電話で知った。秘密にというので、もらせなかった。大野先生の政治力がいかに大きいか、こんど如実に証明したといえよう」というコメントを出している。これが本当なら、大野が岐阜や大垣になおも固執したり「岐阜はどこかつくるんだろうな」と言ったという細田の話と合致しない。

ただ、全体的に見て、地元の利害が細かく対立する岐阜県内の意見、特に岐阜市や大垣市を通らないことへの不満を大野が抑え、まとめたという点は間違いなさそうだ。また、そのためにも岐阜県内への新駅設置は最低限必要であると認識した大野は、だからこそ、いわば通常の陳情と同じように、岐阜県内に新幹線停車駅を設けるよう国鉄に求めた。

国鉄にしても、別に嫌がらせで岐阜県だけ素通りしようとしたわけではあるまい。純粋に技術上、それに新幹線建設の目的に照らして、岐阜県内で在来線との適当な接続駅がないと考えたから、単純にそのまま駅を設けない当初の内定案を作り上げた。

だが国鉄は、大野の協力の有無が岐阜県内の用地買収等に重大な影響を及ぼすと考え、大野の土壇場での〝陳情〟を受け入れた。ところが、本人の政治的立場の強さゆえに、それが本人の意識以上に「圧力」と見られて批判された——。種々の証言記録や当時の状況から、全くの部外者である私が勝手に想像するストーリーである。

そして、仮にその通りであったとしたならば、そのような政治力は、結果から見ればむしろ国策である新幹線建設の円滑な推進に寄与したと言えるのではないだろうか。しかも、岐阜や大垣への迂回線を造らず高速鉄道の特性を減殺しないままで岐阜県内に新幹線停車駅が設けられ、岐阜県民にも一定の利益をもたらしている。

ちなみに、『「夢の超特急」、走る！新幹線を作った男たち』ではこの岐阜羽島駅設置の経緯についても当時の関係者たちへの取材を重ね、次のようなストーリーを描いている。

「国鉄としては岐阜県内にどうしても一つは駅が必要であり、最初から計画に入っていたのである。それを大野伴睦を説得する際に口に出さず、逆に大野に『岐阜県内に一駅つくるなら』といわせて顔を立てたかたちにして、ルート決定のフリーハンドをかちとった大石の作戦勝ちであった。

恐らく、その辺のことは大野も知っていたのではないかと想像されるが、大石の苦衷を察してあえてそれをいわなかったところが大野の偉さであり、岐阜羽島駅はこうした大野と大石の腹芸のようなことで道がつけられ…（中略）…たというのが真相のようだ」

さまざまな人たちの想いや動きが入り乱れた末に開業した岐阜羽島駅前では、新幹線の開業を目前にしてこの世を去った大野の功績を讃え、夫人とともに並び立つ銅像が旅客を出迎えている。この銅像を仰ぎ見て、改めて「岐阜羽島駅は大野伴睦が作った政治駅だ」と思った人は少なくないだろう。だが、その銅像は、真実がどうであったのかを語ってくれることは決してない。

2 大臣が更迭された深谷駅急行停車事件

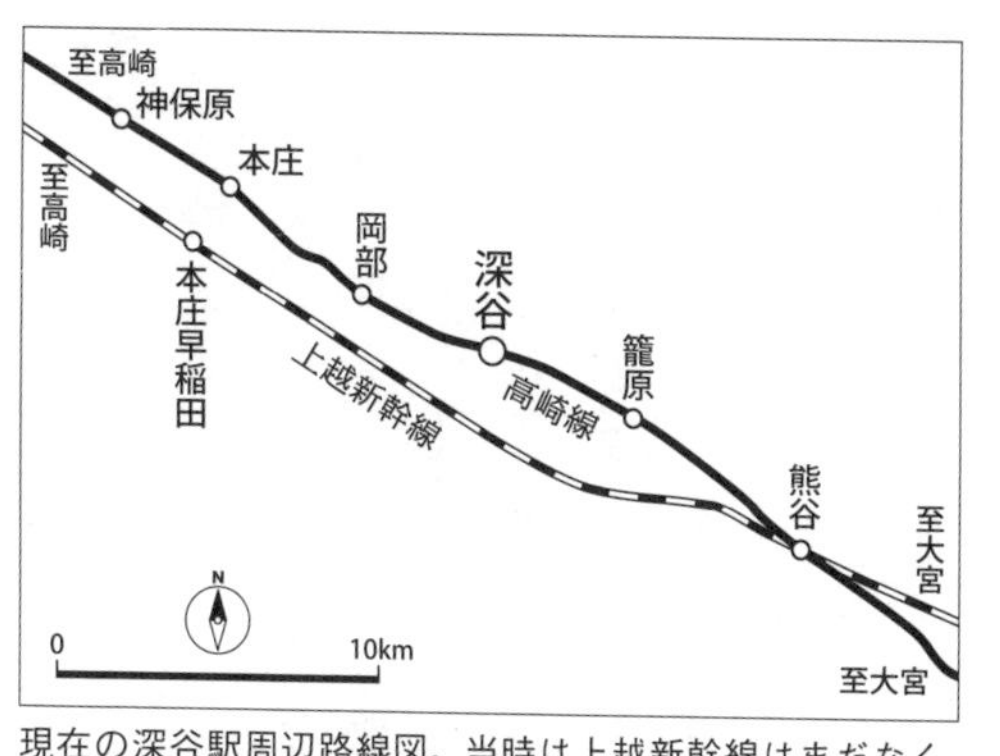

現在の深谷駅周辺路線図。当時は上越新幹線はまだなく、深谷には在来線の急行列車は停車しなかった

運輸大臣が地元への急行停車を公然と要求

政治家が自分の地元への利益誘導を図る行為は、たいていの場合、人知れずなされる。要求相手の役人にまで意図が伝わらないような態様では意味がないが、衆人環視の中で堂々と行われることはほぼない。何かのきっかけでそれが表に出たとしても、政治家本人はすっとぼけるか、または「通常の政務の範囲内だ」と居直り、「圧力をかけられた」と見られる役所側も通常はそれを否定する。真相は永久に藪の中だ。

ところが過去には、運輸大臣になった途端に自分の選挙区の駅を急行停車駅にするよう国鉄に堂々と要求し、それを本当に実現してしまったが、それが社会の非難を浴びて大臣更迭という事態を招いた事件が存在する。要求を受けた国鉄もその事実を公の席ではっきり認めるという、異例の展開を辿った。

この破天荒な大臣の名は荒舩清十郎(あらふねせいじゅうろう)。明治40(1907)年に埼玉県秩父郡高篠村(現・秩父市)で生まれ、埼玉県会議員を経て昭和21(1946)年の衆議院議員選挙で初当選。その後、公職追放を受けるが、追放解除後の昭和27(1952)年から連続12回当選した。昭和41(1966)年8月、第1次佐藤栄作内閣の内閣改造に伴い、当時59歳、当選7回で悲願の初入閣を果たしている。

ようやく摑んだ大臣の地位がよほど嬉しかったのか、荒舩は大臣就任直後に自身の選挙区である埼玉県深谷市にある高崎線深谷駅前での演説で、「皆様、非常にいいお知らせがあります。この10月にダイヤ改正がありますので、その際深谷駅に急行を午前2本、午後2本停車させるよう、国鉄に指示いたしました。決定いたしました。約束させました」と聴衆相手に明言したのである。喋った荒舩本人には全く問題意識がなかったようで、多くの聴衆から拍手喝采を浴びたのだが、これが騒動の始まりであった。

「政治ダイヤ」として社会問題に

9月3日、国鉄は10月1日からの全国ダイヤ改正を発表した。だが翌日の朝刊各紙の社会面はその改正ダイヤの内容よりも、この改正から荒舩大臣の演説通りに高崎線深谷駅に新しく急行列車が停車するようになったことの方を大々的に取り上げた。「高崎線に〃政治ダイヤ〃」「荒舩運輸相、ツルのひと声　選挙区に急行とめる」（以上、読売新聞）、「荒舩さん　急行止める」「就任とたんに実現　選挙区へ〃大臣のひと声〃」（以上、朝日新聞）など、荒舩が運輸大臣としての職権を濫用してことさらに地元の国鉄駅利用者の便宜を図ったとセンセーショナルに報じている。

読売・朝日の両記事に共通する事実を拾うと、7月末までに固まった改正ダイヤ案では深谷への急行停車は計画されていなかった。ところが、8月1日に運輸大臣に就任した荒舩はすぐに国鉄本社の責任者を呼び、深谷への急行停車を含めいくつかの要望を並べて検討するように指示。国鉄幹部いわく「(それらの要望を）全部けるわけにはいかない」ので、比較的やりやすい深谷停車だけ応じることになり、あわてて新ダイヤを手直ししたという。国鉄側も、大臣からの注文だったから特に対応したこと自体は認めた上で、停車させても途中のスピードアップで遅れた時間は回復できるため営業上の実害はなく問題はない、という姿勢だ。深谷市の助役は「言葉につくせない喜びでいっぱいです」などと感謝に満ち溢れたコメントを寄せている。

ちなみに読売の記事では、「『一つくらいオレのいうことを聞いてもいいじゃないか』と「ケロリとした表情でいってのけた」荒舩に対して、深谷停車にだけ応じた国鉄幹部のコメントを「泣く子と地頭には勝てないといった口ぶり」と形容。ニヤリと笑う恰幅の良い荒舩の写真には、「地元には善政をほどこした荒船さん」という、皮肉度満点の説明文を付している。

朝日も負けてはいない。荒舩のコメントに「〃どうして悪いんだ!〃憤然と腕組む荒船さん」との見出しの上には、本当に浴衣姿でふんぞり返って腕組みしている荒舩の写真を、「〃ひと駅くらい、いいじゃないか〃と荒船運輸相(杉並の自宅で)」というキャプション付きで載せている。荒舩との一問一答は「『なにもそんなに問題にすることはないじゃないか』――。問題にするほうがおかしいといわんばかりの口ぶりだった」と結んでいる。

大臣による職権濫用という真面目なニュースのはずなのに、いずれの紙面にも、どことなく、やんちゃ坊主っぽい新大臣をからかっているようなくだけた雰囲気が漂っていて、読んでいて思わず笑ってしまう。半世紀以上前の全国紙では社会面でもこういう紙面の作り方や書き方があったのか、と思わせてくれるが、それだけ、荒舩清十郎という人物が、新聞記者にとっていわば〝いじりやすい〟キャラクターだったのだろうと察せられる。

国鉄総裁は「武士の情け」で停車を容認

だがもちろん、事件は笑い話だけでは済まなかった。

新聞だけでなく、深谷駅前での演説で荒舩が「急行を4本停める」と明言した場面がテレビでも放送されて問題が拡大。石田禮助（れいすけ）国鉄総裁が釈明に追われ、荒舩も2日後に慌てて記者会見を開き、「強圧ではなかった」と釈明しつつも記者からの質問攻めに「荒舩一代の不覚だよ」「もうかんべんしてくれ」とひたすら平身低頭を繰り返した。首相の佐藤栄作からも「スジが通らん」と小言を食らったという。週刊誌は事件を面白おかしく取り上げ、新聞の読者投稿欄に「今後運輸大臣を深谷大臣と改称する」という投書が載ったり、落語のネタにまでされたりした。

おまけに、9月12日の参議院運輸委員会で、この問題を追及する野党議員からの「大臣になったから陳情を認めるというのは、おかしいではないか」との質問に対し、石田が「武士の情けだ」と答弁して場内が騒然となったことがさらにクローズアップされた。荒舩のコメントにせよ、この石田の国会での答弁にせよ、現在の政治環境ではほとんど考えられないような迷言が責任ある当事者からポンポン飛び出すのがこの事件の特色である。政治の世界ではそれが許されていた（この事件では許されていないが）時代だった、というほかない。

実は、政治家が自分の選挙地盤の国鉄駅に優等列車を停車させるようにしたのは荒船が初めてではない。昭和35（１９６０）年には福岡出身の楢橋渡（ならはしわたる）運輸大臣が、一度は決まっていた改正ダイヤの練り直し会議を国鉄に開かせて、福岡県内にある久大（きゅうだい）本線の駅に準急列車を停車させたことがある。だが、そのときはこの荒船事件のときほど問題になっていない。

国鉄の優等列車をそれまで通過していた駅に停車させるかどうかは、形を変えた我田引鉄と言ってよい。地元の利用者に国鉄利用の便宜を図らせるという意味では、優等列車を停車させることも変わらないからだ。ＪＲの定期急行列車が絶滅してしまった現在で言えば、さしずめ「のぞみ」をそれまでの通過駅に停車させるかどうか、というような話である。

この参議院運輸委員会で石田が明らかにしたところによれば、荒船はこの深谷駅への急行停車の他に、①深谷始発の通勤電車を出せ、②埼玉県下（荒船の選挙区外）に新駅を造れ、③深谷駅に裏口を造れ、という要望も国鉄に出していたという。石田答弁では「大臣就任前の陳情」とされているが、これが、問題発覚の初報で伝えられた「いくつかの要望」と思われる。

こうした事実が次々と明るみに出たことで、複雑な対応を迫られたのが当の深谷駅や深谷市だ。最初は市の助役が「大臣のおかげです」とコメントしていたのに、10日もしないうちに当時の木村一郎市長が朝日新聞の取材に対し「荒船さんがとめたと思われては困る」と断言（昭和41年9月13日付朝刊）。10月1日から実現した急行停車に対しても、深谷駅からの要請で市は祝賀イベントなどを行わず、その一方で、政治停車との疑念を打ち消すために「急行に乗ってください」とPRに力を注いだ。『日本の鉄道こぼれ話』によれば、「中には『金をもらって乗った人もいる』といった噂さえ流れた」という。

職権濫用続発で史上初の大臣更迭

荒舩の失策がこの深谷駅急行停車事件だけだったならば、時が流れるにしたがって事態は収まっていたかもしれない。だが、荒舩の職権濫用疑惑がこれだけで済まなかったことが、話をさらに大きくした。

石田総裁の「武士の情け」発言から半月後の9月27日、今度は荒舩の後援会が運輸大臣就任直後、国鉄関係工事業者や私鉄業者に対して後援会加入を勧誘していたことが発覚する。佐藤首相は「公私混同も甚だしい」と強く批判し、急行停車事件では大きな声にならなかった荒舩の進退問題が浮上してきた。

10月になると、9月8日からソウルで開催された日韓経済閣僚懇談会に運輸大臣として出席した荒舩が、知己の民間業者2人を随行の形で特別機に同乗させたことが発覚し、衆議院運輸委員会で野党が追及。同じ日に参議院法務委員会では、国鉄上野駅構内で食堂を営む荒舩後援会所属の経営者が、構内での食堂移転拡張を上野駅に申し入れて断られた後、荒舩が大臣に就任して改めて国鉄に申入れをしていたという事実まで野党議員によって暴露された。もはや荒舩大臣は火だるま状態で、発足後わずか2ヵ月の佐藤改造内閣の存続を危うくするような存在になっていた。

こうして、衆参両院でダブル追及が行われた翌日の10月11日、ついに荒舩は佐藤首相に辞表を提出。事実上の更迭であった。現職閣僚が複数のスキャンダルを積み重ねて単独辞任に追い込まれたのは、これが戦後初めての例である。

前代未聞の辞任劇の記者会見で荒舩は、この辞任は佐藤内閣への世論が厳しくなることを避けるための党員としての判断だと主張し、「悪いことがあったとは思わない」と開き直った。周囲にも「なんで俺だけこんなに責められなければならないのだ」とこぼしていたという。

大臣としての資質を別にすれば、荒舩の人間性に対する評判は決して悪くない。愛嬌があり人が良い、官僚臭さがない昔風の面白い人物……。選挙区ではどんな陳情にも耳を傾け、地域会合への茶菓代や選挙民への冠婚葬祭の挨拶を欠かさず、果ては支援者団体を招待旅行に連れていくなど、今では公職選挙法で禁止されている数々の利益供与を細かく徹底していた。大臣就任前の選挙では最高得票を獲得し、盤石の選挙基盤を築いていた。

だが、さまざまな発言記録を見ても、国政全体を俯瞰した大局的な政治理念を確固として持っていたのかどうか、少なくとも運輸行政の分野に関する限りは相当に疑わしいと言わざるを得ない。自分の出身地域の利益に目を向ける政治姿勢は地方議会議員としては正しいのかもしれないが、国家全体の利益を考慮すべき国会議員としては失格である。それが理解できず鉄道分野への格別の知見も持たない人物を我が国の鉄道政策の責任者に据えた結果が、自分の地元駅へ急行列車を停車させるという小局地的な〝政策〟を実行せしめるという、ある意味で政治家の矮小化を象徴する事件となって表出したのである。

東京駅のレンガが深谷で生産されたことにちなんで平成8年に改築された深谷駅舎。令和5年現在、駅は業務委託化されており、特急「草津・四万」は通過するが、朝夕に運行される通勤客向けの特急「あかぎ」は停車する

ところで、この話には後日談がある。荒船辞任から1週間後、東ヨーロッパ諸国を歴訪していた自民党の川島正次郎副総裁が帰国した。荒船は川島派に属していた。

羽田空港で記者団に囲まれ、自身が派閥の領袖として大臣に推薦した荒船が更迭された件について質問されると、川島は「『やはり野におけレンゲ草』だった」と笑い飛ばした。そのこころを、「最近の荒船君の国会運営における奮闘ぶりを買って推薦したが、やっぱり荒船君は野においた方が〝適材適所〟だったことがわかったよ」と解説している（『朝日新聞』昭和41年10月20日付朝刊）。

「やはり野におけレンゲ草」とは、江戸時代中期の俳人・滝瓢水が詠んだ「手に取るなやはり野に置け　蓮華草」のことである。知人が遊女を身請けしようとしたときに、「蓮華草（遊女）は野原に咲いている（自分のものではない）からこそ美しいのであって、その環境から切り離せばその美しさが損なわれてしまう」と諌めるために詠んだとされる。

「一つくらいオレの言うことを聞いてくれてもいいじゃないか」「一代の不覚だよ」「武士の情け」……。数々の迷言が飛び交った事件にふさわしい、締め括りの講評であった。

3 選挙で建設中止が選択された南びわ湖駅

「鉄道建設反対」は明治の稀少事例だった

「鉄道を建設することに地域住民が反対する」という動きは、明治時代の鉄道草創期に全国各地で見られた、という説が広く認識されている。「鉄道ができると旅行者が通過してしまい宿場町が寂れる」「沿線の水運業者などが職を失う」「鉄道の煤煙で農産物が被害を受ける」といった理由で地元の人たちが鉄道の建設に反対し、別のルートに建設された結果、その町は発展から取り残されたという話を耳にしたことがある人は少なくないだろう。というのも、この種の話が地方自治体による公的な地方史誌に事実として記述されていたり、郷土史に関する各地の小・中学校の現場で使用されている社会科副読本や資料集に史実として掲載され、教師用の指

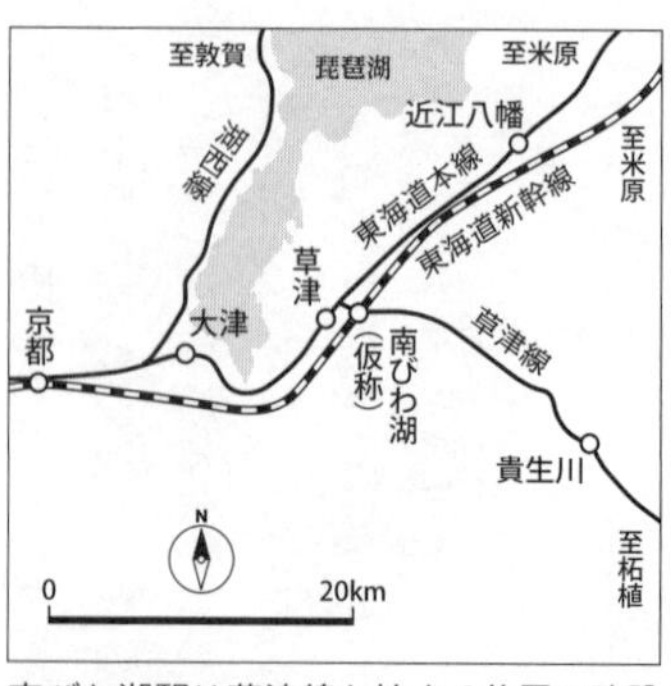

南びわ湖駅は草津線と接する位置に建設される予定だった

導書にまでそのことを子供たちに分かりやすく教えるように記されている例が多々見られるからである。

ところが、全国各地で歴史的事実のように語られているこのような話のほとんどについては、実は「基本的な一次史料による検証を欠いた」ものであり、「実際にそのような『伝説』のある町について調べてみても、ほとんど否定的な結果になって、到底事実とは思えない」という専門家の研究結果がある（青木栄一『鉄道忌避伝説の謎　汽車が来た町、来なかった町』吉川弘文館、平成18〔２００６〕年）。同書によれば、「街道筋の宿場町による鉄道建設反対」などは、文献で確認できる事例は伊勢神宮への参宮鉄道（現・ＪＲ参宮線）の１件しかなく、あとは明治20年代を過ぎて全国的に鉄道建設が進展する時期に農業水利や耕地整理との関係で住民から出された異議申立てなど、「現代から見てもかなり合理的で、正当な理由に基づく要求」が多かったという。

その後、大正時代に入ると政友会政権の下で我田引鉄の風潮が全国に広まる。それから戦後の日本列島改造論華やかなりし時期に至るまで、地元への鉄道建設計画を地元住民がことさらに拒絶するというケースは見られなくなる。

こうして、日本の鉄道と政治の関わりは、「政治家が地元へ路線や駅を誘致する」こととほぼ同義化した。地元駅を急行停車駅にした荒舩清十郎の例などはその亜種とでも言うべきケースだろう。それは、鉄道の存在が地域経済の発展に繋がり、地域住民の生活を豊かにするという幸福な結果をもたらすと信じられていたことの帰結でもあった。そもそも鉄道に限らず、大規模な公共プロジェクトは概してそのような意義を持つものと認識されていたと言ってもいいかもしれない。

新幹線駅反対が選挙の争点に

ところが、時代が平成に入ると、バブル経済の崩壊による経済情勢の変化も手伝って、大型の公共インフラ整備や公的イベントに対する社会の見方が変わってきた。平成7（1995）年には東京の臨海地区で実施される予定だった世界都市博覧会（都市博）の中止を公約に掲げた青島幸男が東京都知事選挙で圧勝し、準備が相当進んでいた都市博が本当に中止されてしまった。長野県でも、平成12（2000）年に就任した田中康夫知事が「脱ダム宣言」と称して大型公共工事の中止を掲げて県民の支持を集めた。いったん進行していた大型公共プロジェクトが、選挙結果によって示された民意次第で実際に白紙撤回される時代になったのである。

鉄道の建設事業も、ひたすら新線を作り続けた時代は遠くへ過ぎ去り、大きな変革期を体験していた。国鉄再建法に基づき、昭和末期から全国各地の赤字ローカル線が採算性を理由に廃止され、開業後10数年しか経っていない路線でさえも公共交通機関としての役割を強制的に終了させせられていた。昭和62（1987）年には国鉄そのものが民営化され、公共事業体から営利追求を本旨とする株式会社へと大転換を遂げていた。「赤字でも公共性を重視して新規路線や駅を建設する」という論理は、平成時代を目前にして、すでに日本の鉄道事業では成立しなくなっていた。

そして21世紀に入り、ついに「新幹線の停車駅を地元に建設すること」の是非が地方自治体の首長選挙の争点の一つとなり、建設凍結を主張する新人候補が推進派の現職候補を破って当選し、建設工事が事実上白紙撤回されるという例が現れた。それが、平成18（2006）年7月に行われた滋賀県知事選挙である。当選した嘉田（かだ）由紀子知事は、東海道新幹線の米原～京都間に設置されることが予定されていた南びわ湖駅（仮称）建設の「限りなく中止に近い凍結」を公約の一つに掲げていた。

この知事選はその前年に行われたいわゆる郵政解散による衆議院議員総選挙と異なり、争点は新幹線の新駅建設だけだったわけではない。だが、全国でも有数の人口増加地域である滋賀県南部に東海道新幹線の新駅建設を推進する現職の県知事が、これに待ったをかけようとする新人候補に敗れたという事態には、東隣の岐阜県内で昭和30年代半ばに沸騰した岐阜羽島駅を巡る大騒動の歴史に想いを致すとき、40余年を経た時代の変化の大きさを感じざるを得ない。

国鉄時代からあった新駅誘致構想

米原〜京都間に新幹線停車駅を設けようという構想は、東海道新幹線が開通した昭和39（1964）年からわずか5年後に初めて公に現れた。昭和44（1969）年、滋賀県南部の栗東町（現・栗東市）議会が設置した「新幹線新駅誘致特別委員会」がそれである。米原と京都の1駅間の距離は68・1キロで、これは東海道新幹線の中で最も長い。そして、滋賀県内の停車駅は県の北東部にある米原だけで、県庁所在地の大津をはじめとする県南部の地域は新幹線の利便性を享受できていない。そこで、米原〜京都間の県内にもう1駅を開設させて沿線住民の利便を図るべき、という意見が生まれたのだ。

本格的な誘致活動がスタートしたのは昭和63（1988）年で、県内3市11町から成る「東海道新幹線（仮称）栗東駅設置促進協議会」が発足した。その際に、新駅誘致の場所を栗東付近にするか近江八幡付近にするかで意見が対立し、当時の県知事だった稲葉稔の裁定によってまず栗東地区への新駅設置を目指すことになった。

その後、滋賀県や県内市町、それに県内の経済団体などが新駅設置の促進運動を活発化させ、平成14（２００２）年になって滋賀県、栗東市、促進協議会（地元3者）とJR東海の4者間で新駅設置に関する基本協定書が締結される。これによって、米原～京都間に新しい新幹線駅が設置されることが正式に決まった。県議会や県内の関係市議会による工事費用の負担金の決定などを経て、平成17（２００５）年にはこの4者間で新駅設置にかかる工事協定書が取り交わされる。平成18年5月、この新駅の仮称を南びわ湖駅と定めて、ようやくJR東海による新駅着工を迎えることとなった。

選挙結果と裁判で計画が自動的に白紙化

ところが、それから2ヵ月もしないうちに、新駅建設凍結を公約として選挙を勝ち抜いた嘉田知事が就任する。これをきっかけに、滋賀県内では新駅建設に否定的な民意が次々と選挙結果に表れ始めた。

同年10月に行われた栗東市長選挙では唯一の新駅推進派だった現職候補が当選したが、

対立した2候補の得票総数は当選者の得票総数を上回った。さらに、翌平成19（2007）年4月の滋賀県議会議員選挙で推進派の議会第1党・自民党が惨敗。工事凍結・反対派が議会の過半数を占め、自民党は建設凍結に同意せざるを得なくなった。

しかも、司法の場で支持された反対派の民意が、この状況に追い打ちをかけた。推進派市長が率いる栗東市が、新駅建設に際して道路工事を名目にした地方債を起債して新幹線工事の財源を捻出するのは地方財政法に違反するとして、住民8人が提起した起債の差止訴訟で、平成18年9月の第一審はその請求を認めて市の起債の差止めを命じた。平成19年3月に第二審の大阪高裁もこれを支持して栗東市の控訴を棄却。同年10月には最高裁も市の上告を退け、他に財源の見込みがない栗東市は工事費用を捻出できなくなってしまったのだ。

こうして、地元3者とJR東海との間で締結されていた新駅工事に関する協定類は同年10月末をもって自動的に終了。もとは沿線から沸き起こった滋賀県南部への新幹線新駅設置構想は、およそ40年の星霜を経て、その沿線住民が選挙その他で自ら示した総意によって終焉したのであった。

巨額の費用負担が民意の集約を困難に

県民こぞって待望した岐阜羽島駅とは対照的に、県民が自ら「不要」の意思表示を突き付けた南びわ湖駅。隣り合う県にありながら正反対の結果を生んだ要因はいくつかあるだろうが、両駅の大きな違いは、前者が新線開通時に同時開業する駅であるのに対し、後者は既存路線に後から追加設置しようとする駅であるという点だ。

後から設置するということは、路線を新規に建設する段階でそこに駅を設ける必要性がないと判断されていたからにほかならない。そこへ駅を設けようとするからには、他の駅に比べて必要性が低いという鉄道事業者の当初の判断を覆すだけの材料が必要となる。

その材料の一つが、建設そのものに要する費用負担の軽減であることは間違いない。南びわ湖駅は地元自治体が設置を要望した「請願駅」の一つだが、近時の請願駅の多くは、建設費用の大部分を請願者である自治体などが負担する傾向にある。

しかも南びわ湖駅の場合、新駅の総工事費が240億円という新幹線工事史上の最高額と試算され、これが全額地元負担となっていた。このうち半額の117億円を滋賀県が、95億円を駅所在地となる栗東市が負担し、残りをその他の関係市が分担するというのがおおまかな内訳である。栗東市はこの他に、最寄りの在来線である草津線に接続用の新駅を建設したり駅周辺の区画整理や開発などの関連事業についても費用負担することになっており、市の負担総額はおよそ３０４億円が予定されていた。これは、約２３０億円とされる栗東市の財政規模を上回っている。

このため、栗東市議会では過半数ギリギリでこの負担金の予算措置がようやく認められたような状態で、駅所在の地元自治体ですら従来から意見が割れていた。栗東市に隣接する甲賀市では、滋賀県が示した市の負担額案４億２５００万円に対して、市議会が「受益に見合った負担額」として認めたのは2億５０００万円を限度とする予算案だった。県庁所在地の大津市に至っては、平成16（２００４）年に促進協議会からの脱退を表明していた。

かくも各自治体の足並みが乱れたのは、高額な費用とその立地条件に照らして新駅の利便効果の低さが疑問視されたことが大きい。

南びわ湖駅から西隣の京都駅までは約24キロと近く、しかも京都には「のぞみ」を含む全列車が停車するのに、南びわ湖には「ひかり」と「こだま」しか停車しないことになっていた。おまけに接続する在来線は幹線の東海道本線ではなく支線の草津線だったことから、新駅に近い地域の住民でも京都駅を利用し続けるのではないかと見られていた。

県の北東に目を向ければ、近江八幡より東の地域では、東海道本線と接続する米原が引き続き利用されるだろうとも予測されていた。そして、琵琶湖の北岸地域の人たちにはほとんど影響がない。向こう岸の地域の人たちは一直線に手前の岸の新幹線駅に来られるわけではないからだ。県の真ん中に琵琶湖が広がる滋賀県特有の地理事情と言ってもよい。すなわち、巨額の費用を投じて新駅を造っても、その利便性を享受する地域が狭く、受益者が極めて限定されるのである。

ここでいう「受益者」とは新幹線の直接利用者だけでなく、駅周辺の開発事業を通じて地域全体が活性化することで、さまざまな形での経済効果を受ける間接的な受益者も含まれる。新幹線駅の開業は、単なる交通の利便性向上にとどまらず総合的な地域経済の活性化という大きな効果をもたらす。だが、「列車に乗るために利用する」という、鉄道駅としての基本的な利便性に飛躍的な効果が見られないのではないかと疑問視された以上、そこに前例がないほどの大規模な公金を投入することに、各自治体や相当数の住民はためらいを覚えたのだろう。「一般の税収の中から補助金という形で財源を補填するという方法」では、「負担」するのが必ずしも受益者とは限らない。受益もないのに自分の納めた税金が特定のプロジェクトに投入されるのは癪（しゃく）である。公平性という点では、自治体の一般財源からの補助金という手法を使うのは問題もあり、それなりに十分な合意形成のプロセスが必要となる」（佐藤信之「請願駅の地元負担　東海道新幹線南びわ湖駅の場合」『鉄道ジャーナル』２００６年11月号）が、南びわ湖駅の場合はそれが明らかに不十分だった。

現代における鉄道建設事業の公共性

岐阜羽島駅のケースと比較する上で根源的に異なるもう一つの事情として、岐阜羽島駅の建設や運営は公共事業体である国鉄が担っていたのに対し、南びわ湖駅はＪＲ東海という株式会社が開業後の運営を引き受ける事業主体であるという点を指摘しておきたい。

かつて田中角栄は『日本列島改造論』で、「私企業と同じ物差しで国鉄の赤字を論じ、再建を図るべきではない」と主張した。だが、その国鉄は田中の首相退陣からわずか12年後に私企業へと再編され、「公共上の必要性があれば赤字も許される」という論理は通用しなくなった。

ましてや、ＪＲ東海は平成９（１９９７）年から株式を上場している。完全民営化された上場企業が赤字部門を放置することは、一般的な企業行動としては考えられない。日本の国鉄民営化はサービスの向上に繋がったとか合理化が進んだというプラスの評価が目立ち、先進各国の国鉄改革の中でも際立った成功例と捉えられているが、国有企業を民営化すれば公共性より企業利益を優先する事態を生じさせることは、国鉄改革当時から指摘されていた。日本の鉄道建設事業は、もはや純然たる公共性の視点だけでは成立し得ないのである。

もちろん、鉄道事業は運営母体の性質に関わりなく、本来的に高い公共性と社会への大きな影響力を持つがゆえに国の許認可事業とされているのであるから、ＪＲの側が全くの好き勝手に事業展開できるわけではない。そこで、営利追求を一義とする株式会社の性質と鉄道事業の公共的性質のバランスに鑑みれば、地域振興に資すると考えた沿線自治体が公金から資金の一部を拠出して既存路線に新駅を造り、建設に際してのＪＲの負担を支えるというやり方は、当該自治体の住民の多数意思がこれを承認する限り、確かに一定の合理性がある。

ただ、このような方策では、当該自治体の地理的中心地に新駅を造るような場合でない限り、同じ自治体内なのに受益者にならない住民の方が多くなるケースも想定できる。自治体がその所轄の行政区域内を平等に発展させようとしても、隣の自治体との境界付近の地域に力を入れると、受益者にならない大部分の他地域からの反対を受けたり、隣接する行政区相互間のバランスが崩れる恐れもある。

このように現代の鉄道事業は、その規模が大きくなればなるほど、私企業性と公共性とが複雑に絡み合う複合性を持っている。特定の政治家が自身の政治力を背景に新線や新駅を地元に呼び込むよりも、その複合性を考慮した差配の方がよっぽど難しいのではないかと思う。

その意味で南びわ湖駅を巡る行政や住民たちの動きは、現代における鉄道事業の公共性と鉄道会社の私企業性とのバランスをいかに上手に捌(さば)いていくかについての、前代未聞の大規模な費用と長い時間をかけた、貴重で壮大な学習機会であったのかもしれない。

第5章

鉄路存亡を左右する政治の力

1　田中角栄の赤字ローカル線肯定論

赤字ローカル線を量産する公団を設立

明治時代以来、日本の鉄道路線網は基本的に拡張一辺倒だった。幹線の整備はもちろん、大正時代の政友会による建主改従政策によって鉄道敷設法が改正され、全国の支線の一つ一つまでが法律によって国策で建設すべきと定められた。そして、この鉄道敷設法に明記された予定線の中から調査線選定基準に従い適当と認めたものを調査線とし、次に調査線について着工の可否を検討し、着工するのが適当であると認めたものを着工線として建設予算を勘案し、着工するという手続きで新路線を建設するのが、戦前からほぼ一貫した日本の鉄道政策の主たる内容だった。

ところが戦後しばらく経つと、これらの地方路線の新規建設が国鉄の経営収支を悪化させるのは問題ではないかという見方が出てきた。もともと採算よりも地方開発を重視していた路線だけでなく、幹線相互を連絡する路線が一部分だけ先行して支線のような形で開業したために営業成績が振るわず、しかも予算不足で残りの未開通部分が建設できない期間が長くなると赤字がさらに累積するという悪循環に陥るという状況も生じた。

新規路線の着工が決定した後は、建設から開業後の運営までの全てを国鉄が担うことになる。ところが、公共事業体として独立採算制をとる国鉄では、毎年の予算を組む際に収支のバランスを考慮しなければならないから、赤字必至の新規路線を建設すれば自分で自分の首を絞めるようなことになってしまう。昭和30（1955）年に国鉄総裁を引き受けた十河信二は、総裁就任の条件として「赤字線の追加建設を強要しない」ことを運輸大臣に要請していたという（有賀宗吉『十河信二』十河信二傳刊行会、昭和63〔1988〕年）。

にもかかわらず、特に地方選出の議員たちは、戦前からの我田引鉄思想そのままに新線建設を強く要望し続けた。昭和32（1957）年度から始まった第1次5か年計画では、東北地方や日本海側などこれまで鉄道普及が相対的に遅れていた地域の輸送力増強に重点が置かれている。

こうしたローカル線建設計画と国鉄の経営状況の実態とをどのように調整していくべきか。その方向性を打ち出したのが、昭和36（1961）年に自民党政調会長に抜擢され、それによって半自動的に鉄建審の小委員長に就任した田中角栄である。

田中は鉄建審の会合で、「鉄道は地方発展のためにやむを得なければ赤字を出してもよい。それが国有鉄道の役割である」と明確に主張した。そして、鉄道建設が国家全体の発展に必要とされる国策である以上、国の公共事業として行うべきであり、独立採算制の国鉄にその建設を委ねるべきでないとして、別組織が建設を担うか、別会計で建設費用を捻出することで新線建設の財源を確保すべきと提案したのである。

その後、大蔵大臣に就任した田中は、鉄道建設を担う別組織として日本鉄道建設公団（鉄建公団）の設立に奔走。当初は新線開業後の欠損まで国が面倒をみる構想だったが、大蔵省内部からの反対意見などを受けて、造った路線は公団から国鉄へ譲渡する方式に変更した。これは、「独立採算性(ママ)をとっているため、企業性に制約されることも多く、新線建設を積極的に推進することが困難」な国鉄から「新線建設部門を分離し、新線建設に専念できる新しい体制が確立された」（『日本国有鉄道百年史 第13巻』昭和49〔1974〕年）という国有鉄道の本旨に副った方策とも言えるが、一方で、どれほど多大な赤字が見込まれる路線でも政府が決めて公団が建設したら、国鉄はそれを押し付けられて運営せざるを得なくなり、その結果として赤字が増えれば非難される、という不条理な立場に置かれることをも意味していた。

ちなみに、この鉄建公団が設立された昭和39（1964）年は、東海道新幹線の開業という華々しいイベントがあった一方で、国鉄の単年度収支が８年ぶりに赤字に転落した年でもある。これ以降、昭和62（１９８７）年の国鉄分割・民営化まで、二度と黒字に戻ることはなかった。赤字路線の建設を強要しないことを条件に国鉄総裁に就任した十河は、この年の５月に任期満了で国鉄を去っていた。

赤字83線の廃止を勧告

鉄建公団の誕生によって、新線の建設は国鉄から切り離された。国鉄では資金不足で実現できなかった地方ローカル線の新規着工が次々と予算化された。霞が関や永田町では公団の予算は「角さんの専管予算」（前掲『ＮＨＫスペシャル 戦後50年その時日本は 第４巻 沖縄返還／列島改造』）と認識されていて、田中との間で話がつくと、運輸省も自民党も国鉄も異論を唱えることはなかった（できなかった）という。

その一方で、国鉄の財政事情は年を追って悪化していた。最後の黒字決算年となった昭和38（１９６３）年度時点で１５９５億円あった繰越利益金も昭和42（１９６７）年度までに食いつぶし、「企業体としての最悪の状態」（『日本国有鉄道百年史 第12巻』昭和48〔１９７３〕年）に陥っていた。同年度の国鉄監査報告書はこのような国鉄収支の悪化を助長する要因の一つが「ローカル線赤字の経営」であると明言している。

このような状況を受けて、昭和43（1968）年9月に国鉄総裁の諮問機関である日本国有鉄道諮問委員会は「ローカル線の輸送をいかにするか」という意見書を提出した。沿線人口の推移や代替道路の整備状況、冬季積雪の程度などを勘案した上で、輸送実績が一定数値を下回る短距離のローカル線は自動車輸送に切り替えるべきとする勧告内容で、拡張一辺倒で突き進んできた我が国の鉄道政策上、初めての本格的なローカル線廃止論である。この中で廃止すべきとされた路線が国鉄線全体の1割以上に相当する約2600キロ、83線区に及んだことから、それらの廃止候補路線は「赤字83線」と呼ばれるようになった。

翌昭和44（1969）年5月には、日本国有鉄道財政再建促進特別措置法が成立。これに基づき国鉄財政再建のための基本方針が同年9月に閣議決定されたが、そこには赤字ローカル線の道路輸送への転換を推進する旨記されていた。これを受けて国鉄が策定した財政再建計画には、「道路輸送への転換が適切と認められる線区については、政府の方針に従ってその転換を進めること」が明記され、これが昭和45（1970）年2月に運輸大臣の承認を得た。これにより、赤字ローカル線の廃止が、我が国の鉄道政策の基本方針として正式に採用されたのである。

白糠線は足寄を目指した計画線の一部として建設された

鉄建公団の新線建設は続いた

だが、こうした政府の赤字ローカル線対策も十分なものとは言えなかった。その最大の原因は、赤字路線を廃止して国鉄の財政再建を図ろうとしながら、一方で、鉄建公団による赤字ローカル線の建設がそのまま続けられていたからである。

とりわけ、国鉄の財政再建計画が運輸大臣の承認を得た昭和45年以降も地方開発目的のローカル線建設が進められたことは、鉄道政策を全体的に見れば矛盾と言わざるを得ない。設立直後の昭和40（１９６５）年度には83億円だった鉄建公団の予算におけるローカル線の建設費は、昭和45年度には倍以上の１８０億円にまで達していた。

肝心の赤字路線の廃止もうまくいかなかった。赤字83線は地元の同意がないと廃止できなかったが、当然ながら、いくら赤字でも地元にとっては鉄道の存在は重要であり、各地で廃止反対運動が起こってほとんどが頓挫してしまった。もちろん、国民経済の観点から自分の地元のローカル線廃止に積極的に協力しようという国会議員など皆無なのであった。

運営すれば大赤字必至のローカル線を押し付けられる国鉄も、ただ黙っていたわけではない。昭和39年に一部区間が開業していた北海道・白糠線の延伸工事（上茶路（かみちゃろ）〜北進）がこの時期に進められ、昭和45年秋にはほぼ完成していたのだが、開業後の赤字が避けられないとして国鉄が運営引受けを事実上拒否したのだ。このため、完成した新線の施設が約2年にわたって使用されず、北海道の厳しい自然の中に放置されたままとなっていた。

このように赤字ローカル線問題は、さまざまな立場の人たちの思惑が複雑に絡み合い、もはや硬直状態に陥っていた。

「日本列島改造論」が赤字線を正面から肯定

そんな時期に誕生したのが田中角栄内閣であり、ベストセラーとなった『日本列島改造論』であった。

『日本列島改造論』は、新幹線建設と並んで赤字ローカル線の問題にも言及している。そこには、鉄建審小委員長就任以来、全くぶれることのない田中の持論が簡潔、かつ明確に記されている。

白糠駅を出発する北進までの延長開業記念列車（昭和47年）

「すべての鉄道が完全にもうかるならば、民間企業にまかせればよい。私企業と同じ物差しで国鉄の赤字を論じ、再建を語るべきではない。

　都市集中を認めてきた時代においては、赤字の地方線を撤去せよという議論は、一応、説得力があった。しかし工業再配置をつうじて全国総合開発を行なう時代の地方鉄道については、新しい角度から改めて評価しなおすべきである。北海道開拓の歴史が示したように鉄道が地域開発に果す先導的な役割はきわめて大きい。赤字線の撤去によって地域の産業が衰え、人口が都市に流出すれば過密、過疎は一段と激しくなり、その鉄道の赤字額をはるかに越える国家的な損失を招く恐れがある。

豪雪地帯における赤字地方線を撤去し、すべてを道路に切り替えた場合、除雪費用は莫大な金額にのぼる。また猛吹雪のなかでは自動車輸送も途絶えることが多い。豪雪地帯の鉄道と道路を比較した場合、国民経済的にどちらの負担が大きいか、私たちはよく考えなくてはならない。しかも農山漁村を走る地方線で生じる赤字は、国鉄の総赤字の約一割にすぎないのである」

こうした考えをもとにした内閣の成立によって、赤字ローカル線の廃止方針が大きな影響を受けるのは必然だった。結局、赤字83線のうち、田中内閣成立までに実際に廃止に至ったのは11路線にとどまり、我が国初の全国規模での鉄道廃止政策はここで事実上ストップしたと言ってよい。政権党が交代したわけでもないのに、内閣が替わったことで、国家としての鉄道政策も一夜にして180度転換し、国鉄は列島改造機関として積極的な地方開発の担い手へと変身したのである。国有鉄道である以上、それが自然の成り行きであったと言うべきなのかもしれない。

田中内閣の赤字地方線に対する姿勢が明確に表れたのが、内閣成立からわずか1週間後に、国鉄が鉄建公団からの引受けを2年間抵抗し続けてきた北海道・白糠線に対して、新内閣の佐々木秀世運輸大臣が開業を認可したというニュースだった。佐々木は、「北海道開発という使命の一端をになう性格のものだから、たとえ開業後、赤字が見込まれても設備が完成したら、さっさと開業するのが当り前だ。（中略）私が単独で開業の方針を決めたのだ」と、運輸大臣として国鉄の抵抗を押し切って強引に開業させたことを明言した（『朝日新聞』昭和47〔1972〕年7月15日付朝刊）。

この強引とも言える開業認可に対しては、佐々木が選挙区は違えど北海道出身だったため、「大臣の就任プレゼント」「人気取りの政治認可」という批判が上がった。本人は「大臣路線ではない」と否定したが、赤字83線の一路線として同じ北海道内の札沼（さっしょう）線の一部区間（新十津川～石狩沼田）が廃止されたのが6月中旬。それから1ヵ月も経たないうちに、その札沼線より利用者が明らかに少ない見込みの白糠線の開業を認めることについて、誰もが納得する合理的理由など説明できるはずもない。白糠線の延伸区間は1日の乗客利用見込みがたった17名と極端に少なかったため、朝日新聞は開業翌日（9月9日）の朝刊に「十七人のための鉄道」と題する社説を掲載してこの新規開業を痛烈に批判している。

ちなみにこの白糠線、延伸開業からわずか11年後の昭和58（1983）年10月に、国鉄再建法に基づく赤字ローカル線の廃止第1号路線となった。道東の小さな町にあったこの悲運の短命路線は、昭和末期に全国で実施された赤字ローカル線廃止事業のトップを切って姿を消した路線として名を馳せることとなり、皮肉なことに廃線から40年近く経った今でも、多くの鉄道愛好家の記憶に残っている。

2　「日本一の赤字線」を守ろうとした町長

赤字線廃止の強制が現実的に

昭和49（1974）年12月、2年5ヵ月にわたる田中角栄内閣の治世は終わった。日本列島改造論は石油ショックと相俟って急激な物価高を招き、前年に就任した福田赳夫大蔵大臣は昭和49年度予算で公共事業費の伸び率をゼロに抑制。同年度の経済成長率は戦後初めてマイナス成長を記録した。国鉄や鉄建公団の予算も抑えられ、東北・上越新幹線の開業は計画より遅れることが必至となった。

田中内閣以後の国鉄は、膨れ上がる赤字に加えてストライキの頻発や相次ぐ値上げによって利用客離れや国民からの批判を招き、事業体としては末期的状況に陥っていく。そんな国鉄経営の危機に対応すべく、昭和55（1980）年末に成立したのが「日本国有鉄道経営再建促進特別措置法」、通称「国鉄再建法」である。この法律により、輸送実績が一定数値に達しない赤字ローカル線はバス輸送へ切り替えていく方針が国策として改めて明確になった。特に、「赤字83線」の廃止構想では実効性が弱かったことを踏まえ、地元の同意がなくても強制的に廃止できるようにしたのが特徴である。

この国鉄再建法は、昭和52（1977）年から54（1979）年までの3年間の旅客輸送密度（1キロあたりの1日平均旅客輸送人員）をもとに廃止すべき路線を選定。その指定に際しては、冬季の積雪状況や代替道路の整備などいくつかの除外条項が定められていたものの、この3年間に特殊な事情が生じて輸送実績が低迷した路線（例えば、北海道の胆振(いぶり)線はこの間に有珠山の噴火によって長期運休や復旧対策を強いられた）も機械的に最終的な数値のみで判断したり、路線の名称ごとに区分して営業成績を算出したため、幹線の一部に組み込まれて独立した名称を持たないローカル支線が廃止対象から除外されたりする（例えば、函館本線の支線だった砂川〜上砂川間は廃止対象どころか幹線の一部として残存した。ただし、JR化後の平成6〔1994〕年に廃止されている）など、廃止対象の選定方法に対する批判もあった。だが、昭和58（1983）年10月に北海道の白糠線（175ページ）が全国でトップを切って廃止され、バスに転換されたことで、他の路線沿線でも本当に鉄道が強制的に廃止されるとの現実感、危機感が強まった。

「日本一の赤字線」と呼ばれた美幸線

かつて我田引鉄の限りを尽くした地方出身の政治家たちも、もはや国鉄の赤字ローカル線建設や運営を国費で行うことを堂々と主張できるような状況ではなくなっていた。いかに赤字とはいえ、地元にとっては大切な足。だが、地元選出の代議士であっても、国会でひとたび成立し施行された法律に基づく赤字線廃止の流れを止めることはできない。

そんな国会議員をあてにせず、沿線に住む自らの知恵と行動力で必死に廃線を押しとどめようとした地方自治体の首長が北海道にいた。旭川市から北へ約100キロ離れた美深(びふか)

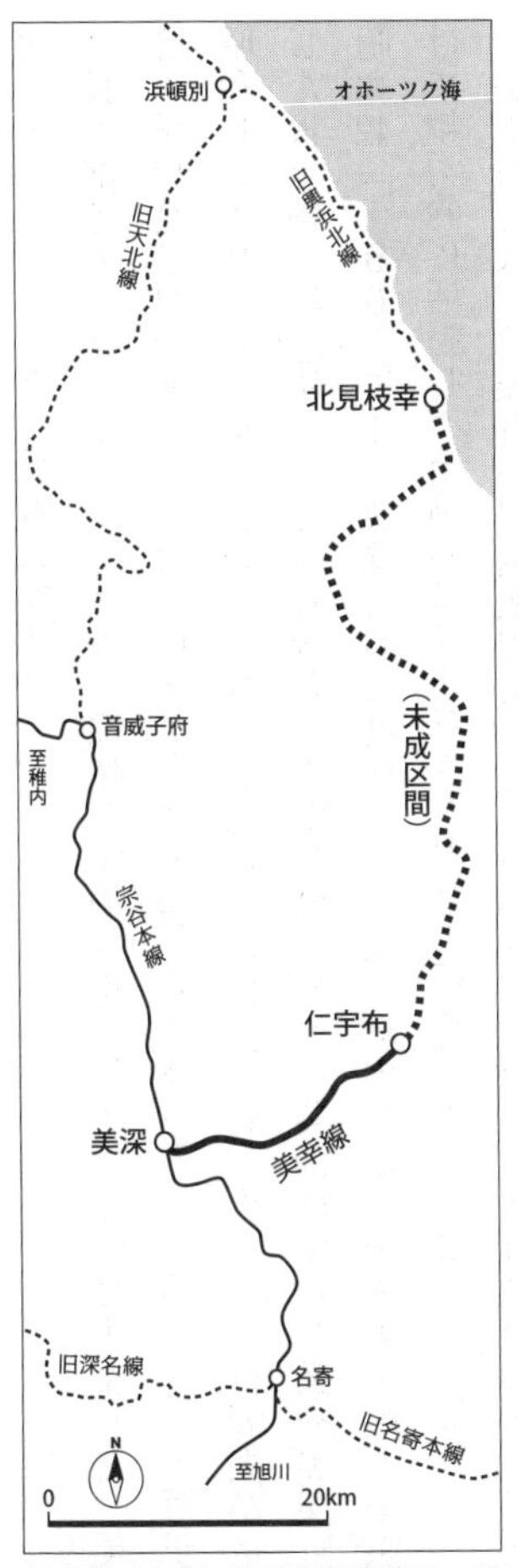

美幸線（太字）及び周辺路線図。現在は、宗谷本線を除き全て廃線となっている

町のトップ・長谷部秀見町長である。

長谷部は大正2（1913）年、開拓農家の次男として美深町に生まれた。美深尋常高等小学校高等科を卒業後、父が病死したため進学をあきらめ、16歳の若さで農家を継いだ。昭和11（1936）年、23歳のときに北海道庁に推薦され、作家・下村湖人が東京で主宰した青年塾「浴恩館」で2ヵ月ほど学んだ経歴を持つ。美深農協組合長や美深町議を経て昭和42（1967）年に美深町長に就任して以来、町内を走る国鉄美幸線の全線開通に向けて精力的に活動し、全国的にマスコミで取り上げられるほどになっていた。

美幸線とは、美深町の玄関駅である美深駅から、オホーツク海沿岸にある国鉄興浜北線の終着駅・北見枝幸駅までを結ぶ路線として計画され、両端の駅名から1字ずつを取って名付けられた路線である。改正鉄道敷設法（97ページ）の別表第144項ノ2に「天塩國美深ヨリ北見國枝幸ニ至ル鐵道」として昭和28（1953）年に追加され、昭和39（1964）年にまず美深〜仁宇布間21・2キロが先行開業していた。仁宇布から先も工事が進められ、12のトンネル、41の鉄橋、そして路盤は100パーセント完成し、線路や枕木が運び込まれるまでに至った。

ところが、この北辺の小さなローカル線は、国鉄の中でもとりわけ営業成績の悪い赤字路線として、昭和44（１９６９）年から毎年発表されるようになった国鉄の路線別収支決算ランキングで、毎年赤字の全国上位に名を連ねる常連だった。発表初年の昭和44年からの10年間で、最も好成績だったのは昭和45（１９７０）年の全国ワースト７位で、ワースト１位だった年が４回もある。

このランキングは、営業係数という数値の比較表である。営業係数とは、１００円の収入を上げるのにどのくらいの経費を要するかという数値を意味する。数値が１００を切る黒字の路線は新幹線や山手線などごくわずかだったが、美幸線はこれが毎年３０００前後で推移していた。

国鉄が発表するこの営業係数については、計算方法が不明瞭だったり路線の実態を反映していないなどの批判が付きまとった。中でも顕著だったのは、「愛国発幸福行き」の乗車券が「愛の国から幸福へ」のキャッチフレーズとともに爆発的に売れた北海道の広尾線（帯広～広尾。昭和62〔１９８７〕年廃止）で、昭和48（１９７３）年度の営業係数は７０４。約２５０ある全国の路線のうち、営業成績は２０７位だった。ところが、愛国発の切符が飛ぶように売れたおかげで、翌昭和49年度の営業係数は１８９になり、ランキングは一気に全国25位まで上昇。国鉄の統計担当者は、乗車実態がない切符の売上げを営業

「愛の国から幸福へ」のキャッチフレーズで爆発的に売れた「愛国から幸福ゆき」乗車券

係数に反映させるべきかどうか大いに悩んだという。

他方で、この営業係数の正確な算出方法は明らかにされず、特に幹線から分岐する地方のローカル支線にとっては不利と言われていた。例えば美幸線の場合、起点の美深駅で仁宇布までの切符を買っても、その収益は美深駅が所属する宗谷本線に計上されてしまう。さらに、東京や大阪からの観光客が北海道内乗り降り自由の周遊券で美幸線をいくら利用しても、美幸線としての収入は1円も増えない。長谷部は、上京時に当時の国鉄総裁を訪ね、同席した担当課長から営業係数の仕組みについてこのような説明をされ、「説明を聞いているうちに腹がたってきた。（中略）こんなしくみでは、美幸線のようなローカル線では成績のあがる道理がない」と憤慨している（長谷部秀見『日本一赤字ローカル線物語』草思社、昭和57〔１９８２〕年）。

これでは、遠方からの列車による観光客をいくら誘致しても、美幸線の利益とはみなされないことになる。確実に美幸線の収入を上げて、算出方法がはっきりしない営業係数を好転させるには、美幸線の車内で車掌が切符を売るか、唯一の有人駅である仁宇布駅発行の切符を地道に売るしかなかったのだ。

赤字を逆手にとってPR作戦を展開

美幸線が「赤字日本一」と毎年のように連呼される状況は、単に町を走る鉄道路線が国鉄の赤字の一因になっている、というだけの話ではなかった。「赤字日本一」というレッテルを貼られた町のイメージが良いはずはなく、若者が町を離れたり嫁が来なくなったりする。地域振興の見地からも、美幸線の「赤字日本一」という汚名は、町長として何とかして返上しなければならなかった。

そもそも、仁宇布までの先行開業区間だけでは、もともと北見枝幸までの全区間を運行することによって果たそうとした所期の輸送目的が達成できるはずはなく、赤字になるの

美幸線の終点、仁宇布駅構内（昭和55年撮影）。ここから北見枝幸へ延びる予定だった

はやむを得ない、というのが長谷部の意見である。それに、営業係数の数値自体は小さくても、路線の運営規模が大きく、それゆえに支出超過の絶対値が巨額な赤字路線は他にたくさんある。一方、わずか20キロちょっとしかない美幸線による赤字額は、国鉄全体の赤字額の0・1パーセントにも満たない。にもかかわらず、それを国鉄再建の最大の障害であるかのように全国民に認識されてしまうのは、どう考えても納得がいかなかった。

だが、そんな正論をいくら叫んだところで、美幸線が赤字日本一と呼ばれる事実は変わらない。そこで長谷部は、町長室に役場の課長以上の職員を集めて会議を開き、「日本一の赤字線と言われる美幸線を抱える美深町のイメージアップになる良いアイディアはないか」と意見を募った。

そこで生まれたのが、町内にある人跡未踏の松山湿原を観光の目玉に据え、「赤字日本一」を逆手にとった「日本一の赤字線に乗って秘境・松山湿原へ行こう」という観光キャンペーンである。あれほど嫌だった「日本一の赤字線」というフレーズを刷り込んだ大型ポスターを全国の主要駅に貼り出し、美深駅前にも同じ文言を大書した飾り塔を建てた。湿原の中に道路を切り拓き、大型駐車場も造って、町を挙げての観光イベント「美幸線・びふか松山湿原まつり」を企画した。

果たして、昭和51（１９７６）年7月に美深町で開催されたこのイベントは、３日間で６０００人を集める予想外の大成功を収めた。普段は１両で運行される美幸線のディーゼルカーでは間に合わず、最終日には開業以来初めて２両編成になったが、それでも客が乗りきれず国鉄バスを急遽運行したほどだった。

さらに、逆転の発想による成功はマスコミの注目の的となり、単なる一地方の観光キャンペーンにとどまらず、全国にその様子が報道された。その効果でこの年はイベント以降も観光客が増え、美深の旅館は連日満員が続き、町の煙草販売による税収も大幅にアップしたという。

銀座のど真ん中で町長が切符を売る

美深町ではその後も湿原まつりを継続した。東京から女優を招いたり、札幌交響楽団の野外コンサートを開演したり、「日本一の赤字路線に乗ってお見合いをしませんか」と銘打って地元農家の青年との集団お見合いを実施したこともある。この美幸線を利用したお見合いを経て、廃線までに25人が都会から美深町に嫁いでいる。

しかし、いくら観光客が増えても、美幸線は営業係数ランキングのワースト上位の常連からは抜け出せなかった。遠方からの旅客の大半は周遊券を持っており、わざわざ割引のない片道の正規乗車券で美幸線に乗りに来て、仁宇布駅で帰りの片道切符を買う人などほとんどいないからだ。長谷部は、自身が札幌へ出張するときなどは仁宇布駅まで職員を車で派遣して、仁宇布から札幌までの往復切符を買ったりしていた。

「赤字日本一」のレッテルが営業係数に基づく以上、その数値をどうにか改善させなければいけない。とはいえ、国鉄に任せていても改善の見込みはない。そこで長谷部は、仁宇布駅発行の切符を国鉄に3000枚注文して美深町が買い上げ、それを東京・銀座4丁目へ持参して町長自ら街頭販売するという前代未聞の作戦に出たのだ。昭和53（1978）年10月初旬の日曜日のことである。

　この日、銀座三越の前に立った長谷部は、「祈願美幸線全線開通」と大書した旗を立て、自分は同行の町職員と共に赤い袢纏（はんてん）と「日本一赤字ローカル線」と書いたタスキを身につけ、絶対に使用されないであろう同日付の仁宇布発美深行きの切符を買ってくれるよう、歩行者天国を歩く都民に呼びかけた。地元のローカル線の存続を願う地方の政治家は全国にいても、銀座のど真ん中で自ら国鉄の切符を売ってその営業成績の好転に繋げようとした首長は他にいないだろう。

　幸い、3000枚の切符は無事に完売。しかも、この突飛な発想と行動力はまたもマスコミに取り上げられた。こうした努力の甲斐あって美幸線の営業係数が全国ワースト1位から脱出すると、翌昭和54年末には「美幸線日本一赤字脱出記念」と称した記念切符を5000枚用意し、今度は東京だけでなく大阪でも販売している。

　いつしか美幸線は、数ある全国の国鉄路線の中でもひときわ注目を集める存在になっていた。国鉄の収益を上げること自体は美深町の利益には直結しないのだが、国鉄のせいで一方的に押し付けられた「赤字日本一」という町のイメージをマイナス一色にさせず、かつ、これを逆手にとって町の名を全国区に押し上げた意義は、美深町にとって大きかったはずである。

ついに力尽きて廃線に

こうした数々の涙ぐましい努力の甲斐もなく、国鉄再建法は美幸線の将来を断ち切った。法律制定の翌昭和56（1981）年には、真っ先に廃止すべき第1次特定地方交通線に、延伸区間がほとんど完成していた美幸線も指定された。同法が廃止路線の選定基準とした輸送密度は原則として1日あたり4000人未満かどうかであったところ、美幸線はわずか82人で、特定地方交通線に指定された路線の中で最も少なかった。輸送密度とは別に「赤字日本一」のレッテルの根拠として毎年公表されていた営業係数は、長谷部たちの努力にもかかわらず、昭和58年には4780にまで悪化していた。

長谷部は自民党運輸族の有力議員などへ鉄道存続の働きかけを繰り返し、美深町など沿線自治体による第3セクター方式での存続の道なども探るなど、道内の第1次特定地方交通線の中で最後まで廃止に抵抗した。だが、北海道や国鉄から鉄道存続について採算面から難色を示され、最後は国鉄再建法に基づく一方的廃止の可能性まで示唆されてバス転換を余儀なくされ、ここに全線開通の夢は潰えた。美幸線には、工事がほぼ完成していた未開業区間も含めて総額で130億円もの国費が投入されていたが、それらは全て無駄になったのである。

昭和60（１９８５）年9月、美幸線はわずか21年の歴史に幕を閉じた。運転最終日には全国から鉄道愛好家たちが集まり、美幸線史上初めて８両編成の臨時列車が走った。当時、赤字ローカル線の廃止は全国各地で行われていて格別珍しいことではなかったが、名物町長と共に存続と延伸を夢見た美幸線の廃止は全国ニュースで報道された。

その廃止イベントの中に、長谷部の姿はなかった。廃止の２週間前に病で倒れ、入院中の病室のテレビで廃止のニュースを見ていたのだ。

「力いっぱい最後の走りを見せる列車の雄姿を、目に焼き付けたですわ。誰も病室にいなくなってから、布団の中で存分に泣いたわ。いろんなことが思い出されてな。この時ばかりは涙が止まらんかった」（「私のなかの歴史　前美深町長　長谷部秀見さん⑥赤字路線と花嫁さん　病室で見送った最後の雄姿『北海道新聞』平成６年11月９日付夕刊）。

美幸線の代替輸送は地元のバス会社に引き継がれたが、この転換バスもまた利用者の減少が止まらず、平成24（２０１２）年からは事前の乗車予約が必要なデマンドバス（事前予約がない場合は運休）による運行となっている。マイカーの普及や過疎化が、転換バスの利用者減少の要因になっていることは間違いないだろう。

ただ、美幸線に限らず、鉄道が廃止された地域で過疎化がさらに進行したのは、鉄道路線自体が沿線住民にとって重要な足だっただけでなく、鉄道駅が消えたことで、地域の重要な共同コミュニティーの一つが喪失してしまったことも一因である、との指摘もある。昭和39年の美幸線開通当時は1万3０００人を超えていた美深町の人口も、廃線となった昭和60年には８０００人を割り、令和３（２０２１）年10月以降はさらにその半数が減少して、４０００人を切ってしまっている。

５期20年にわたって美深町の先頭に立ち、その大半を美幸線の延伸と存続に懸け続けた長谷部は、平成12（２０００）年に86歳で亡くなった。５００人以上が参列した町民葬では銀座の歩行者天国で仁宇布駅の切符を売る生前の長谷部の姿がビデオ上映され、広大な北海道の原野に拓かれた小さな町の名を全国に売った名物町長の功績が讃えられたという。

３　東日本大震災が変えた「鉄道と国家」の関係

震災は苦境の地方鉄道を襲った

国鉄再建法に基づく赤字ローカル線廃止事業によって、平成２（１９９０）年までに全国83路線、３０００キロ以上に及ぶ国鉄・ＪＲのローカル線が廃止された。そのうち、バスに転換して完全消滅した路線がおよそ１８００キロ、第３セクター方式の新会社や既存の地元交通事業者によって鉄道として存続した路線がおよそ１３００キロである。

後者の方式は、昭和59（１９８４）年４月に誕生した岩手県の三陸鉄道が第１号であった。三陸海岸沿いを南北に直通する鉄道として構想されたが、国鉄時代は先行開業した久慈線、宮古線、盛線という３つの支線に分割されたまま延伸工事が凍結。そこで、３線とともに未開業部分も引き受ける形で地方自治体と地元企業が合同で出資する第３セクター方式の新会社が設立され、未開業区間を開通させた三陸縦貫鉄道として新たなスタートを切った。大赤字で廃線の危機にあったはずの路線が、第３セクター化したら開業初年度からいきなり経常黒字を記録したため、地元路線の廃止問題に直面する全国の自治体などに

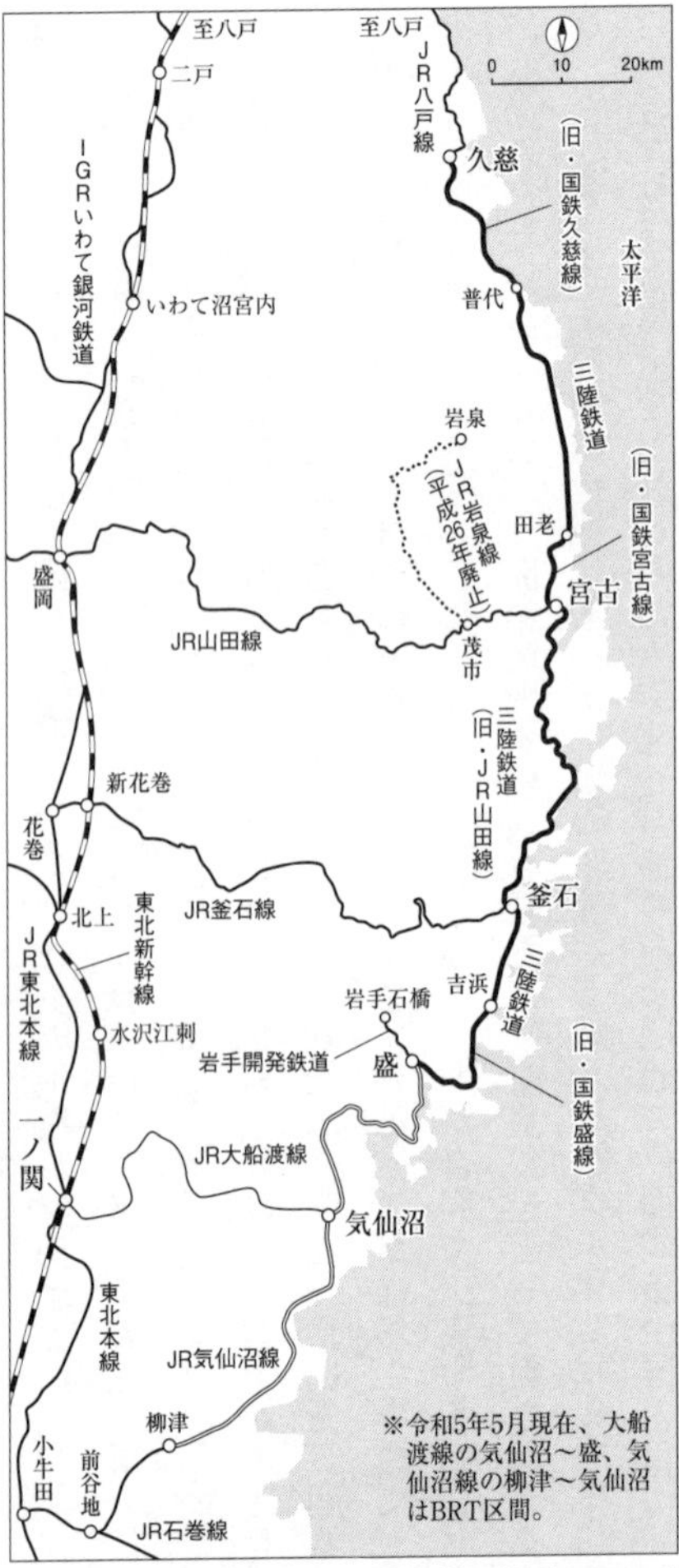

三陸沿岸の鉄道路線図。三陸鉄道は繋がっているが、盛～気仙沼間がBRTになったためこの区間は線路が途切れている

大きな影響を与えたと言われている。

もっとも、その後に全国で誕生した第3セクター鉄道の多くは、自家用車の普及や少子化・過疎化による利用者の減少などで苦戦を強いられている。第3セクター鉄道の優等生と見られてきた三陸鉄道でさえ、開業10年目に初めて経常赤字に転落した後は、一度も黒

東日本大震災の後、盛駅ホームに停車したまま運休中の三陸鉄道（平成23年11月・著者撮影）

字に浮上しないまま平成23（２０１１）年４月で開業27年目を迎えようとしていた。そんなときに発生したのが、同年３月11日の東日本大震災であった。

　地震発生当時、三陸鉄道では北リアス線（宮古〜久慈）の白井海岸駅付近と、南リアス線（盛〜釜石）の鍬台（くわだい）トンネル内に旅客列車が走行中だった。幸い、両列車とも乗客・乗務員は無事だったが、ほぼ全線にわたって津波に襲われて駅施設の破壊や路盤流出、橋梁崩落などの甚大な被害を受けた。

　同震災では三陸鉄道だけでなく、同鉄道の北リアス線と南リアス線の間（宮古〜釜石）を結ぶＪＲ山田線（平成31〔２０１９〕年に三陸鉄道に移管）をはじめＪＲ東日本の太平洋沿岸路線も軒並み津波に襲われて、運行不能になった。八戸や仙台、福島にある臨海鉄道も施設が海水に浸かったり瓦礫が散乱したり、あるいは貨車が押し流されたりした。津波被害が少なかった茨城県南部でも、地元密着のローカル線が震動による施設被害を受けて長期運休を余儀なくされた。被災直後の試算では、ＪＲの被災区間だけでも復旧に必要な費用として１０００億円強、三陸鉄道を含むその他の地方鉄道の復旧費も合わせるとその額はさらに跳ね上がると見込まれていた。民間企業がその全てを自己負担するのが容易でないことは、誰にでも分かる。

震災を機に鉄道復旧支援の公的制度が拡充

ただ、国鉄を民営化した我が国でも、民営鉄道を完全な資本の論理の枠組み内でのみ捉え、公共性のある交通機関としての特性を一切捨象していたわけではない。昭和28（１９５３）年に制定された鉄道軌道整備法という法律は、何度か改正を繰り返しつつ、災害に遭った鉄道を復旧する上で公費を支出することを今も認めている。経営基盤の弱い被災路線が簡単に消滅するような事態を防ごうとする制度的環境は、東日本大震災の前からいちおう存在していた。

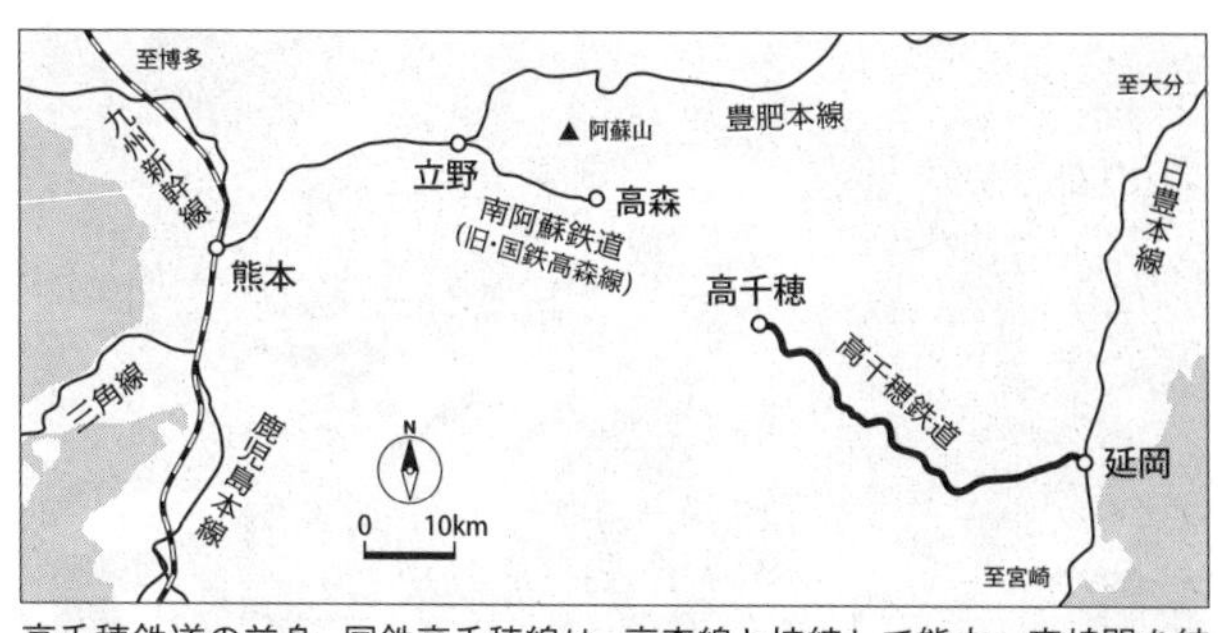

高千穂鉄道の前身、国鉄高千穂線は、高森線と接続して熊本～宮崎間を結ぶ短絡ルートの計画線の一部だった

ところが、この法律では災害規模が甚大な場合に有効に機能しないという指摘が以前からなされていた。その典型が、平成17（2005）年に台風で路線の大半が被害を受けた宮崎県の第3セクター・高千穂鉄道である。当時の同法では災害復旧事業費の半額を事業者が負担し、残り半分を国と地方自治体が負担することになっていたのだが、国鉄時代の赤字ローカル線を引き継いだ同鉄道には、半額で9億円強と見込まれた復旧費をも自己負担できる体力がなく、結局そのまま廃線となってしまったのだ。

そもそも、この法律を受けた鉄道軌道整備法施行規則は従来、被災した鉄道が公的支援を受けるために、「支援を受ける対象となる事業者が過去3年間赤字であったか、または被災により今後概ね5年以上赤字の見込み」という要件をクリアしなければならないと定めていた。

ＪＲから第3セクターに転換されて開業初日の高千穂鉄道高千穂駅（平成元年）

つまり、黒字経営を続けていた優良企業は公費の支援を受けられないから、ＪＲ東日本はもちろん、震災前は黒字経営を続けていた福島臨海鉄道のような地方鉄道も支援の対象外となる。すると、ＪＲのような大規模企業は別として、地域密着型鉄道のうち、もともと赤字経営に苦しんでいた路線は支援を受けて存続する可能性を探れるのに、地道な努力で懸命に黒字を保っていた優良企業が運営する鉄道は支援を受けられずに廃線になってしまうという逆転現象を生じさせかねなかったのである。

東日本大震災は、こうした既存の公的支援制度の限界を浮き彫りにした。そこで当時の日本政府は、平成23年度の第３次補正予算で被災鉄道の復旧事業経費として約66億円を計上。既存の鉄道軌道整備法に基づく災害復旧事業費の補助に加えて、自治体が被災した施設を復旧した上で保有する場合は国と自治体の補助負担を2分の1ずつとして、実質的に鉄道事業者の負担を求めないこととされた。さらに、自治体の負担分は震災復興特別交付税によって措置されることにより、被災地域の地方自治体の負担も軽減されている。

また、既存の鉄道軌道整備法による復旧事業費の補助についても、震災被害の甚大さに鑑みて、自治体分の負担は震災復興特別交付税によって措置されるとともに、支援を受けるための赤字の要件も緩和された。これにより、福島臨港鉄道を含む黒字経営の地方鉄道も同法による財政支援の対象に含まれた。

三陸鉄道は、これらの新たな復旧支援の仕組みを最大限に活用できたからこそ、復活が実現したと言えよう。同鉄道の被災総額が１８０億円程度だったとすると、従来の制度下では90億円を自己負担しなければならなかったが、そのような巨額の費用を三陸鉄道自身が負担できるはずはなく、高千穂鉄道と同様に廃線に至っていたに違いない。

その後、平成29（２０１７）年には「特定大規模災害等鉄道施設災害復旧事業費補助金」という新たな制度が創設された。この制度は、大規模な災害によって甚大な被害を受けた鉄道会社に対して、国と地方自治体が2分の1ずつ復旧費用を補助することによって、当該鉄道会社の負担を事実上なくすもので、東日本大震災直後の補正予算によって実施された財政支援によく似ている。令和2(2020)年夏に九州を襲った豪雨によって橋梁の流失や車両の浸水などの被害が生じ、全線で運休を余儀なくされたくま川鉄道(人吉温泉〜湯前)は、もともと国鉄の特定地方交通線(湯前線)から転換された第3セクター鉄道であり、被災前の経営は必ずしも盤石とは言い難かったが、この制度による財政支援を受けて令和7(2025)年度中の全線復旧を目指している。

既存の制度の改善も進んだ。赤字会社でなければ支援対象にならなかった鉄道軌道整備法は平成30(2018)年に改正され、黒字事業者でも被災路線が赤字であれば復旧費用の補助が受けられることになっている。

こうした国からの手厚い復旧費用の支援制度の拡充は、鉄道が社会における公的機能を有しており、かつ、たとえ特定地域のローカル鉄道であっても国全体でその運行を支えるべき、との発想が根本にあることを意味していると言える。

災害復旧支援策とBRT誕生の背景

もちろん、これらの支援策の拡充は、限られた財源をどのような優先順位に基づいて用いるか、という政策的な判断も伴って行われていることもあり、万能な仕組みとは言えない。特に、ＪＲ東日本のように、震災での被害規模は相当大きかったにもかかわらず、企業全体で黒字経営を維持しているがゆえにこれらの補助対象から外れた場合に、個々の路線が必ずしも鉄道として復旧しなかった実例は、将来、新たな災害発生の際に分かりやすい先例となる可能性がある。

東日本大震災後に鉄道として復旧しなかったＪＲの路線とは、大船渡線（１００ページ）の気仙沼～盛間、及びその大船渡線と接続する気仙沼線の柳津～気仙沼間である。ＪＲ東日本は震災後にさまざまな形で講じられた被災鉄道の復旧支援策における補助の対象とならなかったこともあり、この両路線は鉄道による復旧を断念。もとの線路敷地を専用道路に転用して、バスを走らせるＢＲＴ（バス・ラピッド・トランジット）に転換された。盛駅で大船渡線と接続する三陸鉄道が国の手厚い財政支援によって復活を果たしたのとは、対照的な結果である。

確かに、ＪＲ東日本という企業全体を見れば優良な黒字企業であり、そこに公金を投入する必要があるのか、という疑問が生じるのは不自然ではない。だが、最低でも１０００億円という復旧費用を、新幹線等の幹線区間に比べて採算率が相対的に低く復旧後も赤字が確実な被災路線に全額自己負担で投入することが、民間企業の経営判断として適切なのか、という考えも無視できない。

とすれば、公的支援がない以上、復旧費用やその後の運行経費が抑制できるＢＲＴでの復旧という選択は、確かに合理的である。その後、平成29年夏の豪雨災害で一部区間が不通になったＪＲ九州の日田彦山線が、添田〜夜明間の鉄道としての復旧を断念してＢＲＴで開業することになったのも、背景事情としては大船渡線・気仙沼線の先例に通じるところがある。

ただ、こうしたことが今後の大規模災害のたびに繰り返されると、鉄道の広域ネットワークとしての機能性が低下する恐れがある。それを是とするのかどうかは、もはや特定の鉄道会社の経営判断だけのレベルにとどまらず、国の交通政策全体に関わる問題意識であろう。

鉄道事業に関する国策と国論の変化

ところで、こうして東日本大震災を機に鉄道事業に対して国が従来以上に公的に関与する仕組みが増えつつある状況は、他面において、鉄道に象徴される社会インフラの整備に関する昭和後期からの国策に対する修正を意味する。それは鉄道に限らず、国と地方の役割分担のあり方という、地方分権の本質論にも繋がっていく。

たとえ民間会社が運営していても、鉄道が重要な社会資本の一つであることは否定できない。そこで公共性という一面と民間企業ゆえの営利追求という一面とが併存し、そのときどきの社会情勢によってどちらが重視されるかが揺れ動くことになる。明治から昭和中期の日本列島改造論の頃までは前者が不動の第一義的機能とされてきたが、国鉄の赤字が問題になるにつれて後者の側面が無視できなくなり、やがて国鉄民営化に至った。

これとは別に、国が推進するさまざまな規制緩和策が、地方私鉄の運営にも影響を及ぼしている。平成12（2000）年の鉄道事業法改正により、鉄道事業の廃止についてそれまでの免許制から事前届出制に変更されており、鉄道事業者は国土交通省へ廃止の届出をすればその1年後に路線廃止を自主的に行えるようになった。この法改正によって「路線廃止のハードルが低くなった」（佐藤信之「地方公共交通に明日はあるか―地域における鉄道の存在意義を考える―」『北陸の視座』2008年5月号）ことが、不採算路線から撤退する鉄道事業者が増えた一因と見られている。

被災路線の復旧に従来以上の国費を投入するのであれば、この事前届出制の見直しと連動させるべきとする考え方があってもおかしくない。復興事業という特殊な背景があるにせよ、決して少なくない国費を投入して路線の維持を図りながら民間事業者の届出だけでいつでも廃止できるのでは、国費投入の正当性が疑われるからだ。

だが、鉄道政策に限らず、震災を受けて行われた国主導のさまざまな社会資本の復旧策全体が、「地方にできることは地方に」として財源移譲などを進めてきた従来の地方分権政策や、規制緩和による民間への移行政策とそもそも逆行している感がある。

マスメディアの大方の論調も、震災前までは地方分権や規制緩和の推進を主張していた。それが震災後には、

「87年の国鉄の分割・民営化にあたって、政府は地方の赤字路線を廃止したり、第三セクターに転換したりした。国鉄改革の『成功』は、そうした地方の痛みの上に成り立っている。今度は国がそれに報いる番、という考え方もできるだろう。がれき撤去費用のように、国が復旧費用の相当部分を負担する。それは、ふだん鉄道の恩恵を最大限受けている都市生活者が今度は地方を支える番、ということでもある」（庄村敦子・福井洋平「南部鉄道、高千穂鉄道にみる 災害が地方鉄道を奪った日」『AERA Mook 震災と鉄道全記録』朝日新聞出版、平成23年）

というように、国が地方鉄道の復旧に主体的な役割を果たすべしとする意見が提起されるようになった。

この『ＡＥＲＡ』の記事は「都市生活者」と「国」を前提なく混同しているところにやや無理があるが、いずれにせよ、こうした趣旨の主張が官民を問わず公然と見られるようになった傾向は、今後の我が国の鉄道政策を考える上で極めて興味深い。

平時前提だった鉄道政策への一石

東日本大震災は、鉄道をはじめとする社会資本の整備のあり方にも一石を投じている。社会資本の管理・運営を民間企業に委ねるという手法は、あくまでも平時における経済効率上の判断を第一義としているといってよい。だから、利用者数が少なく収益性が悪い道路や空港は、それだけで無駄な公共事業の象徴として白眼視されてきた。

だが、社会資本の価値は平時における経済性だけでは判断しきれない。震災はそれを如実に明らかにした。「公共事業の無駄を主張する場合、これまでしばしば誤解されたのは、ビジネスレベルでのみ社会資本整備を見ようとする姿勢である」（竹内健蔵「国・地方・民間の役割が問われる震災以降」『運輸と経済』２０１１年８月号）とする論文はその典型的な例として、震災前

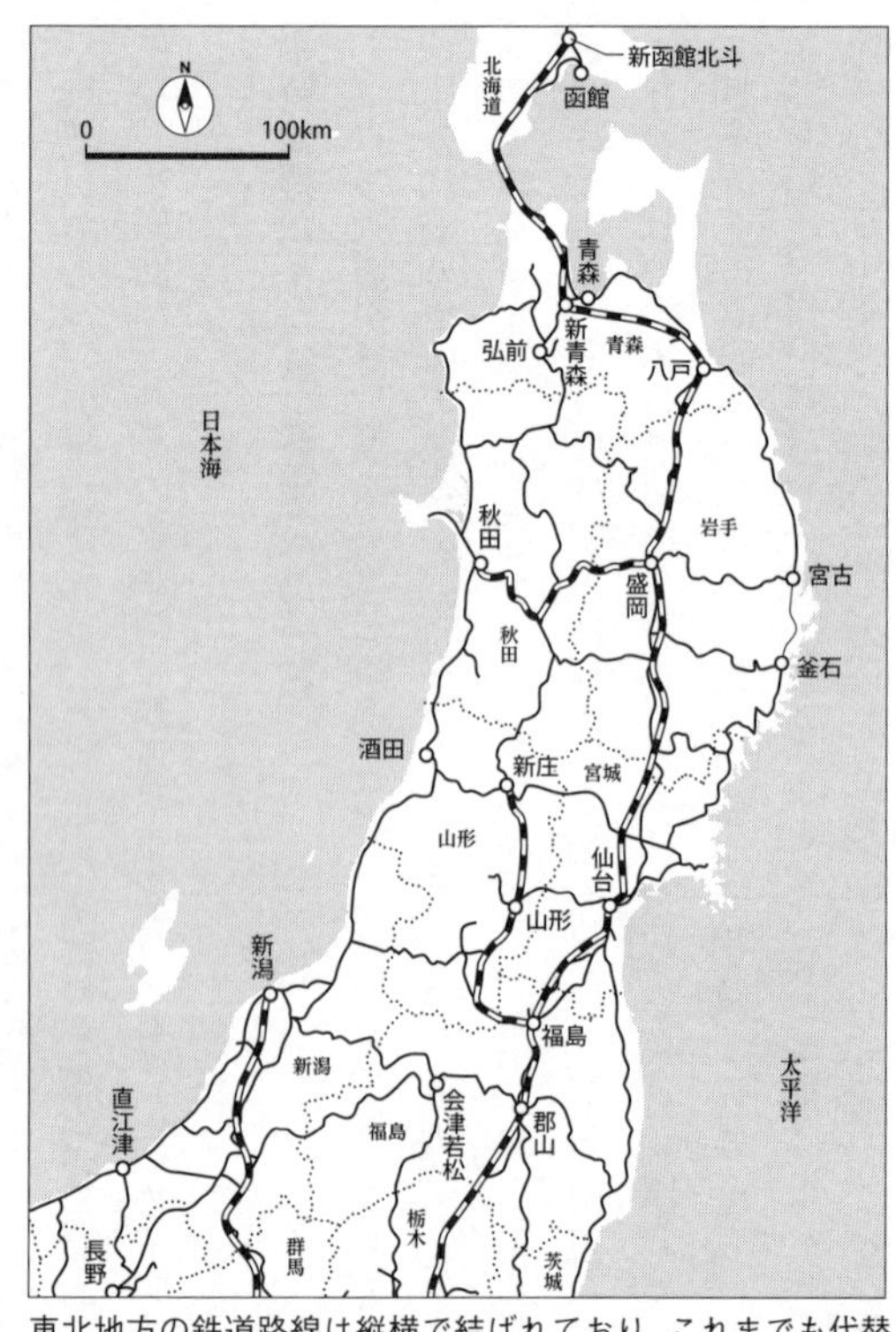

東北地方の鉄道路線は縦横で結ばれており、これまでも代替ルートや支援ルートなどに活用されてきた。鉄道が持つ、もうひとつの機能性を示している

は実際の利用者数が決して多くなかった山形空港や三陸縦貫自動車道が震災後は被災地へのアクセスとして重要な役割を果たしたケースを紹介。「こうした効果は平常時では忘れ去られているために、ついつい民間の基準で社会資本の価値を判断しがちになるが、それでは本質を見誤らせることになる。純粋に民間ベースでとらえるならば、山形空港も三陸縦貫自動車道もなくなってい

猪苗代〜川桁間を走る磐越西線の東日本大震災石油輸送列車（平成23年4月）。鉄道ネットワークの有効性に一石を投じた

たはずである。そのときに震災が起こっていればどうなっていたか。社会資本の価値を正確に認識することの重要性が問われている」と指摘している。

さらに、「交通ネットワークの多極化・分散化」の重要性も非常時になって改めて認識された。鉄道の場合、福島原発付近を走るJR常磐線はもとより、東北新幹線や東北本線も長期にわたって不通となり、東京からの貨物列車は日本海側を経由して青森まで北上し、それから盛岡方面まで南下した。多くの長距離旅客列車が運休を余儀なくされた中で、上野〜青森間を羽越（うえつ）本線・奥羽本線経由で直通する寝台特急「あけぼの」は半月後の４月１日に早々と運転再開した。南東北への石油輸送のため、数年前に貨物列車の運転を廃止していた磐越西線（郡山〜新津）に急遽、臨時の貨物列車が連日走った。これらはいずれも、国有鉄道網を受け継いだＪＲならではの広域ネットワークが奏功した好例と言えよう。

ただ、こうした有事における交通ネットワークの分散について、特定の地域輸送を使命とする民営の地方鉄道が普段から意識することを望むのは難しい。とすれば、国あるいは県単位程度の広域行政機関が、平時からそれを意識して鉄道を含む交通政策に取り組む必要がある。

「ビジネスレベルでのみ社会資本整備を見ようとする姿勢」は、戦後の日本社会が、こうした非常時を想定すること自体に消極的だったことも一因かもしれない。だが、近年では、各自治体が制作するハザードマップなどにも見られるように、多発する地震や異常気象などによる災害にあらかじめ備える考え方も広まりつつある。多くの場合、そのきっかけは東日本大震災だった。同震災時のＪＲ東日本による大規模な迂回運行や貨物列車の臨時運行の経験は、今後も全国で起こり得る非常時の交通対策を講じる上での参考事例となったことは間違いない。

その意味で、東日本大震災は、国や地方がどのように鉄道という社会資本の整備と関わっていくべきかを、国全体で再考する契機になったと言えるだろう。

第6章

海外への日本鉄道進出

1　初の新幹線海外輸出・台湾の成功例とその後

初の海外受注競争でフランスに敗れる

日本の新幹線を海外に輸出しようという試みは、山陽新幹線が岡山まで開業した昭和40年代後半からすでに具体的な動きが始まっていた。その相手は隣の韓国である。

韓国の高速鉄道プロジェクトは、1973（昭和48）年から翌年にかけて、日本とフランスの技術調査団が世界銀行の依頼によりソウル～釜山間に新たな鉄道の建設を提案したことに端を発している。その後、韓国内での高速鉄道技術調査などを経て、1989（平成元）年に政府が京釜（キョンブ）（ソウル～釜山）高速鉄道の建設を決定。その車両・信号・架線の方式については国際入札で決定されることになり、新幹線方式の日本、TGV方式のフランス、ICE方式のドイツの各国企業連合がこれに応札する。

だが、その競争過程で日本連合は早々に交渉対象から除外され、結局1994（平成6）年に、フランスのTGV方式を採用することが正式に決まった。世界初の高速鉄道であり、常に世界トップクラスのスピードと技術と安全性を堅持し続けてきた日本の新幹線が、海外

韓国高速鉄道KTX（釜山駅。著者撮影）。先頭車の外観がTGVと似ている

での初の高速鉄道受注競争に敗れたのである。

ただ、受注できなかった結果に対する日本側関係者の反応は複雑だった。「韓国高速鉄道が国際入札になった当時、日本側にはどこか……腰の引けた雰囲気があった。日本が受注し新幹線導入となった場合、『反日感情を刺激するからまずい』『事故が起きれば日本は袋叩きになる』というわけだ。今から20年ほど前のことだが、だから日本の世論も政府も新幹線の韓国輸出にはそれほど盛り上がりはなかった」（黒田勝弘「から（韓）くに便り 新幹線は日本発の〝文明〟」『産経新聞』平成23〔２０１１〕年3月8日付）という回想は、当時の日本側の空気をよく表している。

政府の新幹線輸出意欲が旺盛でなかった背景には、具体的な輸出先として想定する相手国に特有の国民感情への配慮があった、ということだろうか。

台湾でも当初は苦戦

とはいえ、結果として国際競争の場で新幹線が受注合戦に敗れたのは事実である。それが、韓国よりやや遅れて高速鉄道計画が具体化した台湾への新幹線売込みに対する政府の姿勢に、わずかながらの変化を及ぼした。

台湾でも韓国と同じく、外国で実績のある高速鉄道技術を導入することになり、日本の企業連合とフランス・ドイツの欧州企業連合が熾烈な売込み競争を行ったのだが、ここでも当初、日本の政官界は、中国との関係に配慮して消極的な姿勢をとっていた。

ところが、韓国で新幹線方式による受注に失敗したため、「新幹線技術が受注競争で連敗しては、国際市場における将来の信用に悪影響を及ぼす」として方針を転換。政府レベルでも台湾への新幹線技術導入を可能な限り支援することになったのだ。

もともと、台湾はもとより韓国の場合でも、純粋に鉄道技術を専門家の視点から比較したとき、日本の新幹線方式は順応性が高くフランスやドイツの方式より優れていると言われていた。それは日本の新幹線技術の絶対的な優越を意味するのではなく、地形や気候が日本と似ている台湾や韓国には、ヨーロッパのTGVやICEより日本の新幹線技術の方が応用しやすいだろう、という見方である。

国連開発計画のエグゼクティブ・アドバイザー（鉄道工学）として世界120ヵ国以上で技術指導に当たってきた齋藤雅男も、同じ見方をしていた一人だった。

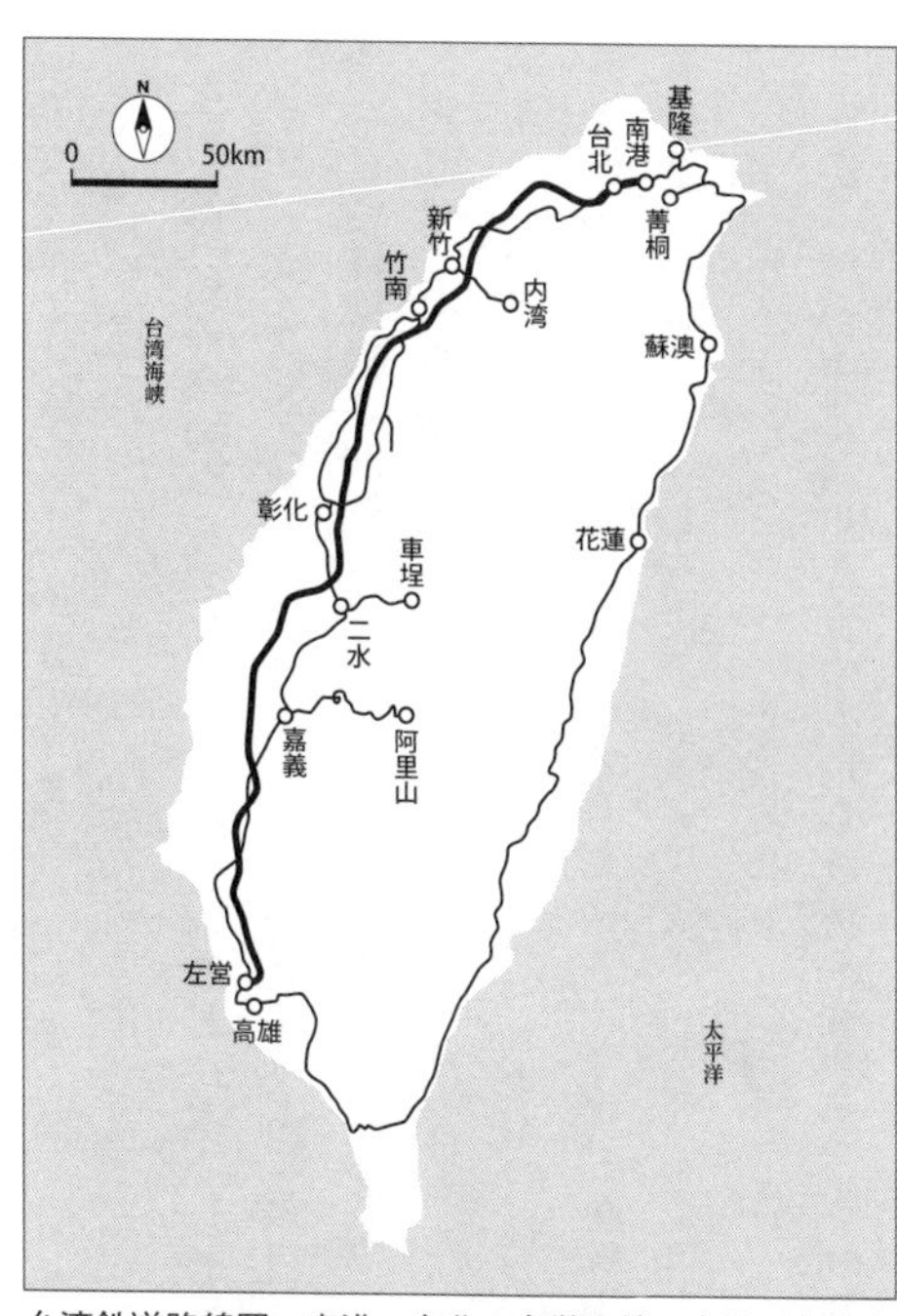

台湾鉄道路線図。南港～台北～左営を結ぶ太線が台湾高速鉄道で、日本の新幹線車両が走っている

東海道新幹線の開業直後に運転車両部長として日本の新幹線運行システムの基礎を確立した齋藤は、国鉄時代の経験とその後の世界各国での技術指導の経験を買われて、1990（平成2）年から台湾高速鉄道の準備委

員会でテクニカル・アドバイザーを務めていた。

「だから、私の立場からすれば、受注するのが日本連合でも欧州連合でも本来は関係ないのですが、そこはやはり私は日本人ですから、日本に頑張ってもらいたい。それで、日本連合には受注獲得に向けていろいろアドバイスをしました。

実際、欧州連合の作ったスペックに比べると、日本の方が圧倒的に上だったと思います。ヨーロッパの鉄道は広大な大平原を走っていますが、日本の新幹線は山あり谷ありでトンネルや鉄橋だらけ。地形が似ている台湾にとっては、新幹線の方が向いているのです」（齋藤雅男「新幹線輸出は〝文明の衝突〟である」〔構成／解説・小牟田哲彦〕『諸君！』２００９年５月号）

だが、競合する欧州連合の売込み攻勢は強烈で、フランスやドイツの現職大臣が訪台するなど、官民挙げて欧州方式の台湾導入を目指していた。一方、日本の公的機関は支援の方針を打ち出したといっても、大臣どころか外交官すら台湾を訪れようとせず、過剰なまでに中国を恐れる状態は基本的に変わりがない。齋藤は「齋藤さんは日本のどこの役所にも所属しておらず、個人の力で台湾の高速鉄道に関わっているからいいのです。でも我々に『台湾に行け』と言わないで下さい」と「外務省の役人」から言われた経験があるという（前掲「新幹線輸出は〝文明の衝突〟である」）。台湾側の要人と日本の鉄道エンジニアとの会談では、日本政府が官庁の課長の台湾訪問すら歯止めをかけている状況について「まるで保護者会に保護者が来ない小学生のようだ」と揶揄された、との逸話もある（田中宏昌『南の島の新幹線　鉄道エンジニアの台湾技術協力奮戦記』ウェッジ、平成30〔2018〕年）。

欧州連合と日本連合のバックアップ体制に関するこうした温度差は、1997（平成9）年9月に台北で行われた審査会の結果となって現れた。

当初の日本連合は、JRをはじめとする鉄道会社を除いた商社とメーカーだけで構成されていた。このため、鉄道経験者が少ない各企業が新幹線という総合システムとしての一体性にさほどの配慮をしないまま、技術審査用の資料を作って提出。そうしたら、高速鉄道の計画であるにもかかわらず新幹線ではなく在来線の運転規程を入れているなどレポート内容に不備が多く、欧州連合との採点はほぼ同点になった。その結果、価格面で圧倒的に有利な条件を提示した欧州連合が審査に勝利し、第1交渉権を獲得したのである。

欧州連合側は技術審査の過程で問われた技術上の問題点に対し、「『2年後にはつくり上げる』と、〝やります〟〝できます〟ばかりで、まったくうまく逃げまわ」ったという。審査に関わった齋藤は審査終了直後、「仏独システムで本当に走れるのか、あとに問題を残すことになる」（「Ilha Formosa　麗しき島―台湾　高速鉄路建設の歩み（21）」鉄道ジャーナル2003年1月号）との危惧を抱くと同時に、「基本スペックはこれほど有利な内容なのに何でこんな結果になるのか、何で日本側はこんなレポートを出したのかと本当に腹が立って、その夜は悔しくて眠れませんでした」と述懐している（前掲「新幹線輸出は〝文明の衝突〟である」）。

日本連合が大逆転で優先交渉権を獲得

この第1交渉権というのは、導入システムの最終結果ではなく、日本連合と欧州連合のどちらが先に台湾当局と交渉できるか、というものであって、技術面や財務面で欧州連合に不備があれば第2交渉権を持つ日本連合に話が移る。だが、それはいわば敵失を待つ他力本願のようなものであり、日本連合が不利な立場に立たされたことは間違いなかった。そして、その原因として各企業連合に対する公的バックアップ、そして連合内の企業間相互における連帯性の強さにおいて日欧の差が大きかったことは否めない。

劣勢に立たされた日本連合はその後、商社とメーカーだけで交渉を進めて失敗したことの反省を受けて、新幹線を運営するＪＲ東海とＪＲ西日本、それに鉄道建設公団や鉄道総合技術研究所の専門家をグループとして連合に加えた。今から考えれば「現に新幹線を運営するJRの協力すらなかったのか」と不思議に思えるが、それが「官民一体」の態勢で後れをとる当時の日本側の現実だった。

また、遅ればせながら、日本政府も通商産業省（現・経済産業省）の貿易保険（我が国の貿易投資について、戦争や為替取引の制限といった民間の通常の保険では負担できないリスクをカバーする保険事業。平成13〔2001〕年以降は経済産業省から分離した独立行政法人日本貿易保険と国が一体となって保険事業を展開している）による資金面からの間接的支援など、国土交通省や外務省だけでなく複数の省庁を巻き込んだバックアップ態勢を整えるようになった。新幹線システムの輸出を、純粋な一民間事業としてではなく政府間貿易に準じて支援すべき国策的プロジェクトであると捉え、国交のない台湾が相手であってもそのプロジェクトの推進を公的にサポートすることが国益に適うと、国がようやく表立って認めるようになったのだ。

その後、第1交渉権を得ていた欧州連合のプランに技術面、資金面で難点が多く発覚してきた。そこへドイツのICEが死者101名に及ぶ大規模な脱線転覆事故を発生させたこともあり、台湾側は1999（平成11）年4月、ついに再入札に踏み切る。欧州連合の優先交渉権が揺らぎ、日本側の官民を挙げた再攻勢が続いたところへ同年9月、台湾中部大地震が発生した。台湾全土に甚大な被害が生じたことで、地震多発国でありながら旅客死傷事故を全く起こしていない日本の新幹線システムが見直され、しかも地震発生直後に日本の救援活動が迅速だったことから、台湾世論が一気に日本に傾いた。

こうして日本連合は同年末、大逆転で優先交渉権を獲得。翌2000（平成12）年、新幹線システムの台湾導入が正式に決定したのである。それは、台湾からの継続的な車両受注の見込みや駅周辺の開発権も伴うなど、大きなメリットのある総合プロジェクトの輸出を意味していた。

敵失と天災に助けられた新幹線の海外進出

2007（平成19）年に開業した台湾高速鉄道の初代車両は「700T型」。東海道新幹線で2020（令和2）年まで「のぞみ」として営業運行していた700系車両をベースにしており、素人の見た目にはそっくりである。日本の新幹線が実際に海を渡って異国の地で活躍している姿に触れれば、新幹線技術の国際競争力の強さを意識する日本人は決して少なくないだろう。

台湾高速鉄道700T型（左営駅。著者撮影）。日本の新幹線700系がベースとなっている

だが、実際の導入経緯を見てみれば、高速鉄道システムの海外輸出は、必ずしも純粋な技術的優位性のみが国際市場での優越的地位に結び付くものではないということをよく示している。台湾のケースを見れば、第1交渉権を得た欧州連合の不備に助けられて再入札が行われ、しかも競争終盤にドイツで発生した大規模事故が欧州連合プランの採用にマイナスに働いたり、大規模地震によってようやく地震多発国である日本のシステムに目が向けられるなど、まさに敵失と天災という他力本願的要素が重なったことが逆転の要因であったことは否めない。第1交渉権を得た欧州連合が淡々とＴＧＶや

ＩＣＥの技術的・資金的優越性を立証し、事故や地震が起きていなければ、日本連合のドラマチックな逆転劇はなかったかもしれないのだ。

台湾のケースでは、欧州連合はとにかく第１交渉権をまず獲得することに専念し、その後の独占交渉の過程で具体的な問題点を詰めていこうとしていたと見られている。技術審査に携わった齋藤は「そうしたやり方は欧州勢がよく使う手である」と断じた上で、「（当時の）欧州勢は提案価格を下げることに必死になって力を入れていた。うまく走るかどうかは二の次であると実感した」とまで言い切っている（「Ilha Formosa 麗しき島―台湾 高速鉄路 建設の歩み（20）」『鉄道ジャーナル』２００２年12月号）。技術上の問題は数字的に答えが出るものではないから判断が難しいのに対し、値段は数字で出るから判断材料として重視されやすい。そこで、欧州連合は最終的な受注獲得に向けて、政府レベルで保障する有利な融資条件や資金協力を提示すべく、まさに「官民一体」となって第１交渉権獲得を目指したのだ。

それは、国際市場での営業戦略の一方策としてはちっともおかしなものではない。取引対象の純粋な魅力に大差がなければ、市場での競争結果はそれぞれの営業力によって左右される。競争相手より若干の劣位にあっても、営業マンのプレゼンテーションが卓越していれば契約を獲得することだってあり得る。一般の企業間取引と原理は同じである。

事実、欧州連合に第1交渉権を付与したために、台湾側はそのプランに安全面や資金面での不安を生じても、再入札後の日本連合の再提出案を簡単に選択することができずに迷走を続けた。日本連合の再提案は申し分ないのに、優先交渉権を持つ欧州連合案は問題点が続出して採用できず、板挟みになった台湾側の責任者が一時、事業権契約の返上を交通部（国土交通省に相当）に申し出るほどだった。

そんな調子だったから、ドイツでＩＣＥの脱線転覆事故が起こらなければ再入札は行われなかっただろうし、再入札の決定後に台湾中部大地震が発生していなかったら、台湾側が本当に欧州連合案を切って日本連合案を選択していたかどうか分からない。そのような強い力を持つ優先交渉権を獲得する段階では、日本側は「官民一体」という態勢の比較においても明らかに欧州連合の後塵を拝していた。

「新幹線」方式を継続する難しさ

このように、台湾での新幹線方式の導入は、日本連合の遅まきながらの努力に欧州連合の自滅と台湾中部大地震という天災が重なって誕生したものだった。だが、結果的には新幹線のシステムが台湾の風土や運営する台湾人の気質に適合していたのか、細部の技術的問題点を抱えつつも、南国の島にすっかり定着した感がある。

もっとも、いったん定着した新幹線方式が、将来にわたって採用され続け、日本の企業連合に永続的な利益をもたらす保証などどこにもない。そのことが、開業からわずか10数年で現実化した。初代の700T型に替わる新型車両への更新に際して、台湾高速鉄道と日本の企業連合との車両購入交渉がまとまらず、2021（令和3）年には日台以外の第三国からの入札可能性が台湾側から示唆されたからである。

その直接の原因は、車両の購入価格について日台間で開きがあり、折り合わなかったから、と見られていた。台湾への新幹線方式の導入当初は日本からの継続的な車両受注が見込まれていたことから考えると、開業から10余年後に日本以外の国の車両メーカーに新型車両が発注される事態になれば、日本の新幹線輸出戦略上、痛恨の失点である。

ただ、開業から約10年での車両更新の背景には、初代700T型の原型であるJRの700系が2020（令和2）年に東海道新幹線での営業運行を終了して車両のパーツも製造終了となったことから、部品の提供を受けられなくなったことに対する台湾側の不信感があったと言われる。700T型の耐用年数はもっと長く、まだまだ使えるはずなのに、日本側の車両モデルチェンジの影響で部品の提供が受けられないため新型車両を購入せざるを得なくなった、というわけだ。他方で、純然たる日本方式ではなくインフラの一部にドイツやフランスの方式が採用されているため、ＪＲの車両をそのまま持ち込むことができず、そのために車両が割高にならざるを得ない、というのが日本側の言い分でもある。

結局、２０２３（令和５）年３月になって台湾高速鉄道が日本連合から車両購入を決定したことで、引き続き、台湾で新幹線スタイルの列車が快走することになった。近時の円安も影響したと思われるが、この決定に至る過程では、日本から台湾を訪問した与党の国会議員が蔡英文総統との会談で日本からの新型車両調達についてアピールしたり、国土交通省の高官も現地を訪問するなど「官民一体の形で受注にこぎ着け」たという（「台湾高速鉄道新たな車両にも日本の新幹線技術　近く正式契約へ」『ＮＨＫ国際ニュースサイト』令和５年３月15日付）。

高速鉄道の車両発注のような大規模な国際貿易案件について、日台友好の一言で採算を度外視した契約が成立するはずはなく、現実にはシビアな価格交渉や駆け引きが行われたはずである。ただ、親台派の与党議員のアピールもさることながら、「国土交通省の高官」まで現地に派遣して日本連合を後押しした、という事実が堂々と報道されたことは興味深い。台湾高速鉄道のテクニカル・アドバイザーが「外務省の役人」から「我々に『台湾に行け』と言わないで下さい」と言われたり、官庁の課長クラスすら台湾に来させない日本政府が「保護者会に来ない小学生の保護者」と皮肉られたというエピソードを思い返すと、隔世の感がある。

何はともあれ、建設当初の受注から20余年を経た車両更新時に、紆余曲折を経て再び「官民一体」で継続発注を勝ち取った事実は、今後の鉄道技術の海外輸出戦略にとって大きな成功体験の積み重ねとなったことは間違いない。一方で、当初から日本連合が万全の態勢で完全な受注を勝ち取っていれば、インフラの一部に採用されている欧州方式との整合性に頭を悩ませることもなく、「第三国」との更新車両受注競争に敗れるリスクもより低減できたと思われる。その経緯は、基本設計の段階から鉄道システム全体の整合性を確保することの重要性を日本側に改めて強く認識させたに違いない。そして、そうしたさまざまな経験を得られていること自体も、台湾への新幹線輸出の成果と言えるのではないだろうか。

2　中国は輸出相手から競争相手に

世界一の高速鉄道大国に成長

中国で初めて「高速鉄道」の運行がスタートしたのは2007（平成19）年のこと。それから15年が経過した2022（令和4）年末の時点で中国全土の鉄道総延長距離は15万5000キロ、そのうち高速鉄道は4万2000キロに達している。実に地球1周分以上の高速鉄道網が、わずか15年間で新たに造られたことになる。全世界の高速鉄道の3分の2以上を中国が占めていることになるわけで、路線規模の上では間違いなく世界一の高速鉄道大国になっている。

もっとも、2007（平成19）年の運行開始当初に旅客を乗せて走り始めたのは、日本・カナダ・ドイツ・フランスの4ヵ国の車両メーカーから技術移転を受け、中国でライセンス生産された車両だった。中国は、当初は国産技術での高速鉄道開発を目指したが、うまくいかずに断念。海外から技術移転を受け、それを自国の技術発展に活用する方針に転換した。その後、移転された技術を習得した中国側は、高速鉄道技術の国産化を着実に進め

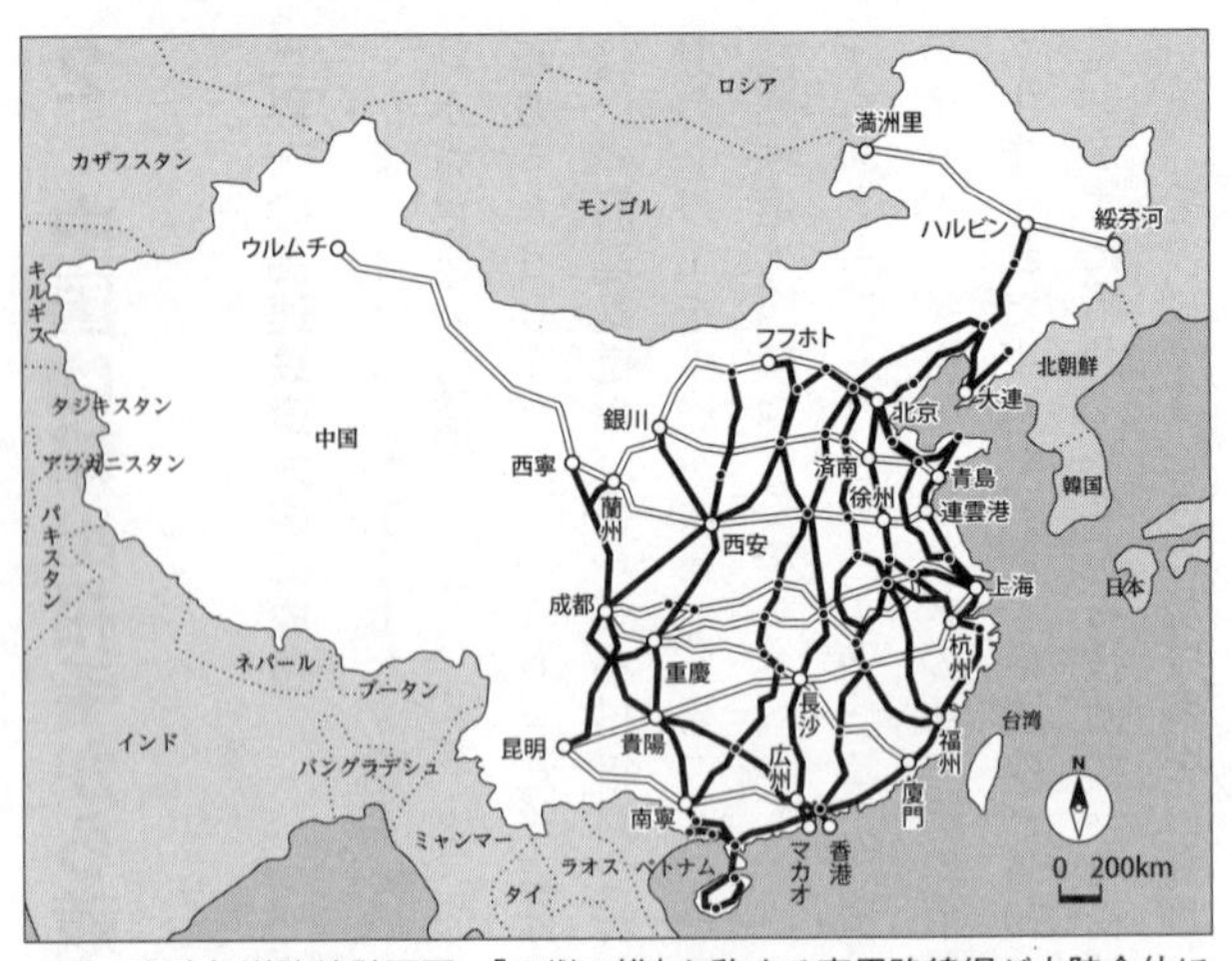

中国の高速鉄道路線計画図。「八縦八横」と称する専用路線網が大陸全体に拡大していくことになっている（「八縦」は太線、「八横」は二重線）

ていった。

その後、高速鉄道網の拡大策は、国内の経済発展と軌を一にして、政策的に急ピッチで進められていった。また、ヨーロッパのように在来線と線路を共用するのではなく、日本の新幹線のように旅客専用線を新たに建設する方式がメインとなった。広大な国土を持つ中国大陸では、新たな路線を建設する余地が十分にあるし、新たな建設工事を行うことが雇用の創出に結び付くことなども目的とされていた。

かくして、今や中国全土を高速鉄道が疾走し、海外への車両輸出や高速鉄道の技術移転を図るまでに成長している。導入当初に国産技術の開発にこだわらず海外からの技術移転を活用した判断は、中国の立場からすれば適切だったと言えるだろう。１９９０年代半ばまでは、蒸気機関車が牽引する列車の姿が主要都市でも見られた状況からすると、その変貌のスピードは戦後の日本の経済復興や発展よりもはるかに速い。

鉄道技術の知的財産権管理が問題に

ただ、２０００年代の日本では、中国への新幹線輸出については純粋な海外市場での競争とは異なる側面があるとして、鉄道関係者の間でも意見が分かれていた。

東北・上越新幹線などを保有するＪＲ東日本は、中国の高速鉄道を新幹線方式で受注することは長期的に見て日本の利益になるとの判断から、輸出に前向きだった。政財界でも、中国への新幹線方式輸出を積極的に推進するキャンペーンの方が目立っていた。「北京〜上海間で新幹線方式に決まれば中国全土で採用される公算があり、その効果は極めて大きい」「新幹線方式が中国に導入されれば、日中友好と国威発揚に役立つ」というのが推進派の主張だった。

他方、東海道新幹線を保有し、台湾への新幹線輸出では重要な役割を担ったＪＲ東海は、中国への新幹線売込みに慎重な姿勢をとり続けていた。その懸念の一つは、新幹線技術を中国に移転することによる知的財産権上のリスクと、その結果としての公正な競争阻害という問題だった。

日本の鉄道事業者による中国との取引では、昭和63（1988）年に東急車輛製造が中国鉄道部と客車の大型商談を行ったとき、中国鉄道部の一部局が日本のメーカーと同時に入札に参加し、日本側から技術仕様を説明させた上で仕様書を発表したところ、中国鉄道から参加した部局が中国でもできる低仕様の見積りを出して、自分のところで製造することにしてしまったということがあった（土岐實光「ある車両技術者の回想⑤北京・天津両地下鉄への電車輸出」『鉄道ファン』1992年11月号）。このとき、東急車輛製造が日本の担当役所に相談しても、中国との間で波風を立てることを恐れてまるで取り合ってくれなかったという。中国ビジネスにはそういうリスクがあるということを、日本の鉄道業界は新幹線輸出の20年も前に経験していた。

この懸念は、2011（平成23）年7月の京滬（チンフー）高速鉄道開業とほぼ同時に、同路線に投入される新型車両の製造を担当した中国の政府系鉄道車両メーカー・中国南車（現・中国中車）が、この車両の製造技術を「中国独自の技術で開発した」として、アメリカなどで

中国高速鉄道「和諧号」（大連北駅。著者撮影）。このCRH5型はフランス・アルストム社の技術を導入して製造された

国際特許の手続きを進め始めたことで顕在化した。申請対象とされる車両は、ＪＲ東日本の東北新幹線用「はやて」型車両（Ｅ２系）などをもとに仕様変更されたもの。Ｅ２系の車両技術を供与した川崎重工業によれば、「中国政府との契約では供与した技術は中国国内だけでしか使用できず、その技術を応用して作った製品を輸出することはできないことになっていた」（「中国、日本の新幹線技術を国際特許出願…なぜ川崎重工は技術を流出させたのか」電子版『ビジネスジャーナル』２０１３年6月28日付）と言うが、供与された技術を中国が「採り入れ、独自に革新させた」結果として成立した技術は「中国独自の技術」だから、国外への輸出も可能となる、という理屈である。

中国南車による国際特許取得推進の意向に対しては、当然ながら日本側から「特許侵害」などの反発や懸念の声が上がった。だが、開業から1週間後に鉄道部（現・中国国家鉄路集団有限公司）の報道官は「中国の高速鉄道技術は日本の新幹線よりはるかに優れている」と表明し、「日本の高速鉄道計画に技術を提供したい」とまで発言した。

このような物言いは新幹線輸出を推進した日本側の友好的な貢献を逆手に取るものであり、皮肉なことに、中国への鉄道技術の輸出の是非について、鉄道には直接関心のない多くの日本国民にも広く認識されるきっかけになった。ただ、日本側にも「技術供与契約の詰めの甘さがある」との見方を示して、高速鉄道技術の管理の問題が日本の鉄道輸出の足かせにならないよう、国としての特許戦略の出遅れを自省する見解もあった（大坂直樹「中国版新幹線は独自?特許申請が起こす波紋」『週刊東洋経済』２０１１年7月16日号）。契約によって日本側も納得して技術供与したのであり、それらの技術を日本側が世界で特許申請していないのであれば、契約上の文言次第では中国側の姿勢は、道義的にはともかく国際ビジネス上は問題ないとされることも十分考えられる。

その後、中国の高速鉄道システムの海外輸出は、中国を中心にシルクロードやアジア、アフリカまでを含む広域経済圏の確立構想、通称「一帯一路」の国策と一体化しながら各

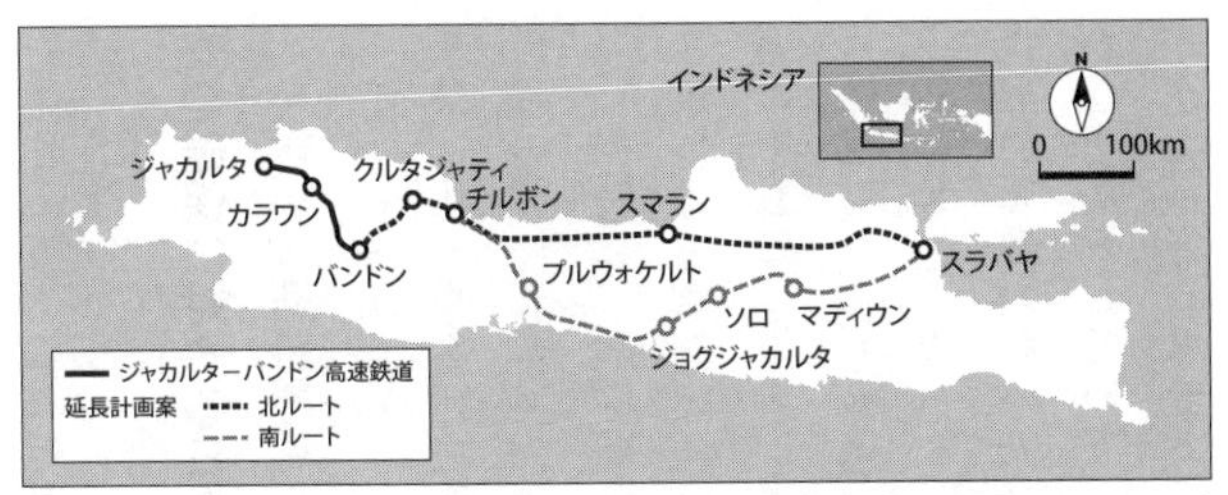

中国方式が採用されたインドネシアの高速鉄道計画路線図。ジャカルタ〜バンドン間は2023年の先行開業区間で、さらに東への延長が計画されている

地で試みられている。2023（令和5）年中には、中国の高速鉄道システム初の海外輸出案件となるインドネシアの高速鉄道が開業する見込みとなっている。

このインドネシアの高速鉄道の建設を、受注段階で中国と争ったのは日本だった。しかも、日本が官民を挙げて新幹線方式の輸出を働きかけ、先行して受注の準備を進めていたところへ中国が後から受注競争に参戦し、最終的に中国が契約を勝ち取った経緯がある。日本にとっては苦い経験だ。

インドネシアの例は、中国が日本にとってもはや高速鉄道技術の輸出相手ではなく、れっきとした競争相手に成長していることを示している。高速鉄道技術の国産化を推進してきた中国で、今後、台湾のように日本企業が継続的に車両の大型受注による利益を得る見込みはほとんどない。それどころか、国際市場で自国由来の技術と自ら低価格競争をする環境を生み出したことになる。将来の海外への新幹線輸出の戦略を描く上で、これほど参考になる教訓的先例はなかなかないのではないだろうか。

安全確保に対する日中間の認識の差異

中国への新幹線輸出時に懸念されたもう一つの問題は、安全面である。

日本の新幹線は、昭和39（1964）年の東海道新幹線開業以来、半世紀以上もの間、事故による乗客死亡件数がゼロという世界トップクラスの安全実績を誇っている。それは、現場の関係者が長い年月をかけて安全運行のための地道な努力を積み重ねてきた賜物であり、同時に、新幹線という総合システム全体の完成度の高さを示すものでもある。

新幹線と言えば独特の車両に目が向きがちだが、高速鉄道技術として新幹線を捉える場合、それは「土木、建築、車両、電力、信号、通信、コンピューター、人間科学などあらゆる高度技術が整合されたハードとソフトの完結したもの」などと定義される（齋藤雅男『新幹線安全神話はこうしてつくられた』日刊工業新聞社、平成18〔2006〕年）。つまり、新幹線が世界に類例のない安全性の高さを誇っているのは、「安全確保のための特別な運行管理体制がしっかりしていて、なおかつそれを運用する現場の人々が皆、きちんとした教育を受け、精密な運行システムを支えるだけの判断能力を備えているから」であって、「車両の性能だけ比較しても意味がない」（前掲「新幹線輸出は〝文明の衝突〟である」）。「厳格な安全確保体制や世界に類例のないほどの厳密な定時運行システムをきちんと運用できる国民性なのかどうかなど、新幹線システムとその社会との適合性をしっかり見極めることが大切」というわけだ。

この点、中国では新幹線車両の導入当初に、分かりやすい事例が発生している。２００８（平成20）年の北京オリンピック直前、北京〜天津間の高速鉄道にＥ２系車両が投入された。その際、車両設計を担当した川崎重工業や運行面の技術協力を担当したＪＲ東日本は、安全確保のために営業運転時の最高速度制限を設定し、それを協力の条件としていた。ところが、中国はその約束を無視して、日本側が設定した上限速度を大幅に超える高速運転で営業を実施したのだ。国連開発計画のエグゼクティブ・アドバイザーを務めた齋藤雅男はこれを、単に商慣習や契約上だけの問題ではなく、中国人の「安全確保に対する認識が日本人とは根本的に異なるということを、よく表している事例」と指摘している（前掲「新幹線輸出は〝文明の衝突〟である」）。

中国が海外から採り入れた技術を独自に発展させた国産技術であると主張する高速鉄道技術についても、２０１１（平成23）年６月、中国鉄道部の科学技術局長などを務めた元幹部が中国紙に対して「世界一にこだわり、安全上の考慮を無視して、日本とドイツが実験走行で達成していた速度に近い速度での営業を命じた」、「自分の技術でないので問題が起きても解決できない。結果の甚大さは想像もできない」などと話したという（「中国高速鉄道『独自技術でない』元幹部、中国紙に暴露」『朝日新聞』平成23年6月22日付）。中国国内でこうした話が堂々と報道されたのは意外な気もするが、その内容は軽視できない重要な問題を含んでいる。

この報道から1ヵ月も経たない同年翌7月に、浙江省温州市で高速鉄道の衝突・脱線事故が発生。死者40名を出した大規模列車事故として、国内外で広く報道された。

このとき、事故そのものよりも世界に衝撃を与えたのは、事故直後の中国鉄道側の対応だった。事故原因がはっきり解明されていないのに、事故車両をさっさと現場へ埋めてしまったり、犠牲者の搬出や生存者の救出確認より復旧工事を急ぎ、事故からわずか1日半後に営業運転を再開したのである。「現場保存は、原因を究明し事故防止に繋げるためのイロハのイ」（仲津英治「中国高速鉄道事故の原因――急ぎ過ぎた信号保安設備開発」『鉄道ジャーナル』2012年1月号）であり、それをしないということは、「原因を究明して事故の再発を防止するよりも、とにかく営業運転を実施することの方が重要である」という考えが鉄道部門の政府高官の共通認識だった、ということになる。

後に公表された事故報告に対する問題点も指摘されている。当初、９月末までに公表するとされていた報告は12月末までずれこんだ。しかもその内容は、「日本や米国なら『再発防止のためにこういうことをやりなさい』ということが数多く書かれているはずだが、中国のものには再発防止の具体策は一切書かれておらず、誰それが悪いと責任追及に終始していた」という（曽根悟〔談〕「高速鉄道技術で日本は中国と連携を」電子版『ＮＮＡカンパサールＷｅｂマガジン』２０１８年７月号）。「日本（や米国）なら安全確保のためにこうするはず」という比較論は、つまり、安全確保に対する日本と中国の認識に大きな差がある、ということを意味する。

日中間に安全確保に対する認識の差がある以上、技術供与の契約時点でその差を埋めるよう双方が努力しなければならないが、万が一、それでも不幸にして事故が発生した場合には契約者としてリスクを最大限回避できるよう、事前のシビアな判断が求められる。そこがはっきりしなければ契約はしない、という姿勢は決して後ろ向きではなく危機管理の観点からは真っ当な経営判断だが、それは、技術供与実現の先にある市場拡大のメリットと天秤にかけて行われることになる。

温州列車事故の発生時期は、中国メーカーが高速鉄道に関する国際特許の取得を推進しようとしていることが明らかになった直後だった。車両からインフラ、運行ルールまで全て国産と明言していた以上、事故の原因や責任を国外に転嫁させることは不可能だった。だが、仮に、この高速鉄道システムの一部に日本の新幹線方式が導入されていたとしたら、中国国内の世論は容易に収まらないほどの反日一辺倒になり、技術供与の契約内容次第では日本の企業に莫大な損害賠償が請求されていた可能性も考えられる。中国への新幹線売込みについて当時のＪＲ東海が危惧していたのは、まさにそういうことだったのではないかと思われる。

中国の高速鉄道の発展から日本が得たもの

こうしてみると、中国の高速鉄道の発展に日本がコミットしたことによって、日本の鉄道事業には何のメリットももたらさなかったかのように思えてしまうが、必ずしもそういうことでもない。

鉄道の運転方式は、動力を持つ機関車が自走できない客車を牽引する伝統的な〝汽車〟のスタイル、いわゆる動力集中方式と、編成中の各車両にモーターを取り付けてそれぞれが動力を発揮する電車のスタイル、すなわち動力分散方式とに大別できる。ヨーロッパでは、国境を越えるときに機関車だけ交換すれば客車や貨車が直通運転できる特性を重視して、機関車牽引型の動力集中方式が主流だったが、日本では新幹線も通勤電車も動力分散方式の電車である。

もっとも、ヨーロッパの代表的な高速鉄道であるフランスのＴＧＶもドイツのＩＣＥも、外形は動力分散方式の新幹線に似ているが、実際は編成の両端に動力車を配置して中間の客車は動力を持たない固定編成が採用されている。世界的に見ると、日本の方が少数派だった。

ただ、動力集中方式の場合は機関車が重くなるため、線路の強化が必要になる。一方で、加速度・減速度とも動力が分散されている電車の方が機能的に優れている。そうしたことから、21世紀以降、ヨーロッパでも徐々に動力分散方式が採用され始めていた。

中国の高速鉄道もこの流れに乗って、新幹線と同じ動力分散方式を主に採用した。そのため、中国国内はもとより、中国が進出を図る海外でも動力分散方式が珍しくなくなったことは、新幹線に同方式を採用している日本にとってもメリットになったと言える。

また、中国は初期段階を除いて日本から新幹線車両そのものは購入しなくなったが、Ｅ２系のライセンス契約に基づいて中国で〝独自に開発〟したと称する新型車両について、実際には日本から購入して中国で組み立てなければならない部品が相当数あったとされる。日本鉄道システム輸出組合が令和4年に公表した貿易データによれば、平成26（2014）年以降は日本から中国への鉄道車両の輸出はゼロだが、金額は令和3（2021）年が約2億ドル（同年のレートで約219億円）。平成28（2016）年には7億5000万ドル（同年のレートで約817億円）近い実績額があった（日本鉄道システム輸出組合『鉄道システム輸出組合報 292号』令和4年）。ライセンス料と部品の輸出代金が、これらの金額の内訳とされる。こうした実績から、「中国への輸出のおかげで日本の部品メーカーの経営が成り立ってきたと言っても良い」（前掲「高速鉄道技術で日本は中国と連携を」）という見方もある。

そんなふうに懸念とメリットの両方に目を向けてみると、結局、日本人同士で（安全確保の問題に象徴されるように）暗黙のルールが共有される国内契約と異なり、国際ビジネスでは相手方と共有できるルールが原則として契約の条文だけである、というごく当たり前のことが、中国への新幹線輸出でも明らかになっただけではないか、という分析に行きつく。ただ、他国への輸出例と異なり、中国という国がずば抜けて巨大で、また国家体制の違いから国家そのものが契約相手のバックについている点などが特殊であり、したがって技術供与に伴って起こる事象の影響がいちいち大きいので、言ってみれば〝悪目立ち〟

しているようにも見える。

とはいえ、相手が事実上国家そのものであり、しかも一党独裁の社会主義国である、という中国との取引は、他国への新幹線輸出とは異なる特有の留意点である。中国への新幹線システム自体の輸出可能性はほぼなくなったとはいえ、部品輸出やライセンス料に関する貿易が継続していること、そして今後も第三国への高速鉄道システム輸出の際には中国とのシビアな受注競争を勝ち抜かなければならないことからすれば、日本政府がどのように日本の企業連合による新幹線輸出やその関連事業をサポートするかは、図らずも（？）手ごわい競争相手に成長した中国の姿を意識しながらの国際戦略に基づく国家的な課題となり続けるだろう。

3. 海外進出に見る「鉄道と国家」の関係

苦戦を続けてきた新幹線輸出

日本政府は平成25（2013）年、第2次安倍晋三内閣が日本の経済成長を実現させるための施策の一環として、日本のインフラシステムを海外展開することを国が積極的に支援する「インフラシステム輸出戦略」を打ち出した。令和2（2020）年にはこれを引き継ぎ、さらに発展させた形で「インフラシステム海外展開戦略2025」を策定。日本の新幹線システムを海外に輸出しようとする動きもこの戦略の一部に組み込まれ、法制度の整備や財政支援、さらに現役の首相・閣僚によるトップセールスまでが具体的施策として明示された。民間の企業連合だけで韓国や台湾に新幹線を売り込もうとした2000年代までに比べると、日本が国家として海外への鉄道システムの展開に関わろうとする意思が明確になり、新幹線の海外輸出に関する日本国内の環境は格段に整備されていると言える。

そして、高速鉄道システムは近年、多くの国で導入が検討されている。発展途上国では迅速な人の移動の実現が経済成長を支えるために、また先進国でも二酸化炭素の排出量が少なく環境面に配慮しながら旅客の大量輸送を素早く行うという見地から、それぞれ自動車道路の整備や航空路線の充実よりも高速鉄道が適していると判断されるケースが増えている。しかも、高速鉄道の建設工事は大量の雇用を創出できるので、それぞれの国の景気対策としても有益となる。

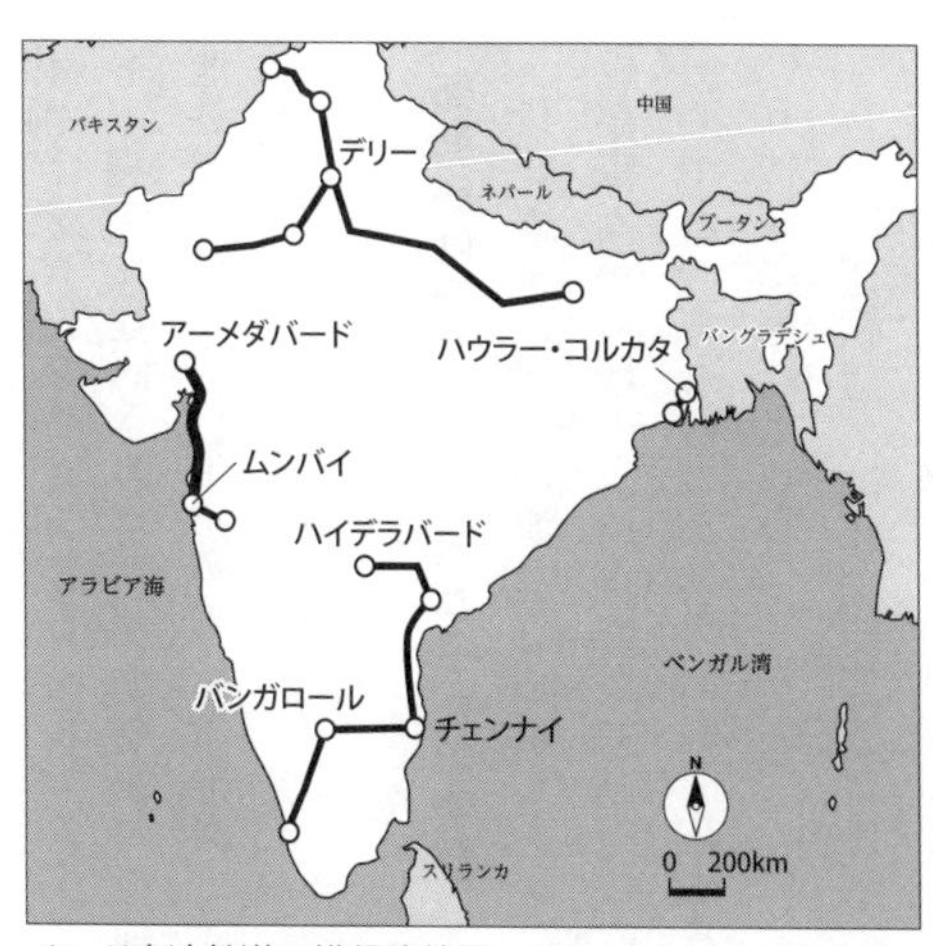

インド高速鉄道の構想路線図。ムンバイ〜アーメダバード間は日本の新幹線方式での建設工事が進んでいる

　ところが、日本の新幹線の海外輸出事業は、これまでのところ必ずしもうまくいっていない。何とか成功していると言える事例は台湾だけで、中国やインドネシアでは結果的に新幹線方式が採用されなかった。インドではＪＲ東日本の東北新幹線「はやぶさ」用Ｅ５系と同型の車両が輸出されることが決まっており、２例目の新幹線海外輸出事例として実現しそうな段階まで来ているが、タイやベトナム、それにアメリカなどで新幹線方式の導入が検討、あるいは

計画されているが、インドネシアの例を見る限り、いくら口約束や書面の合意がなされても、実際に建設されて開業するまでは何が起こるか分からない。開業当初は「世界一の高速鉄道」として日本が誇った新幹線方式は、他国との受注競争上、必ずしも絶対的な強さを持っているわけではないのだ。

「新幹線は総合プロジェクト」の功罪

新幹線システムが他国で必ずしも諸手を挙げて歓迎されない大きな要因の一つに、新幹線が車両から地上設備まで全てひっくるめて一体的に構築された総合システムであり、部分的であっても他のシステムが混在することを本来想定していないパッケージ型であるという特性が挙げられる。

台湾高速鉄道では、主要部分に日本の新幹線システムを採用しながら、一部のシステムにフランスやドイツ方式が混在した。日本側はこれを、後から逆転で交渉権を獲得したことによってやむなく生じた妥協の産物と看做(みな)したが、台湾側はこの混在方式を「各国の良い部分を集めてより良いものを作る」という意味で「ベストミックス」と称して肯定的に捉えていた。結果的には、開業後にその混在が原因で、技術的トラブルが起こっている。

各国の技術を少しずついいとこ取りするようなことをしても、優れた技術が結集してよりハイレベルなシステムが生まれるわけではなく、かえって予測できない未知のトラブルの危険が生じることを示す実例と言える。それゆえ、新幹線システムは「車両とか部品とかのパーツごとに考えるのではなく、総合プロジェクトとしてまとめて輸出すること」（前掲「新幹線輸出は〝文明の衝突〟である」）が重要であるという考えは、安全確保の観点からも相応の合理性がある。

ただ、そのように総合プロジェクトとしての完成度が高いシステムであることを強調しすぎることは、現地の事情に即したアレンジがしにくくなってしまうと受け止められる恐れと隣り合わせでもある。日本のスマートフォン以前の携帯電話が「ガラケー」と称されたのと同じことが新幹線でも起きているからこそ、海外での受注競争で苦戦するのではないか、と説明すれば分かりやすいかもしれない。

もともと鉄道という交通システムは、本来的に〝ガラパゴス〟化しやすい。走行する土地の気候や地形、人々の意識や生活習慣などに応じた進化を遂げて、その地域に適した交通手段として定着するからだ。だが、そのシステムを別の国へ持ち込もうとするときに、もとの国と同じ仕組みでなければ安全が確保できないというのでは、どんなに日本では素晴らしい高速鉄道システムとして機能していても、外国では受け入れられにくい。

それに、新幹線の安全神話は、分単位の厳格な定時運行や安全確保のための法令遵守を重視する日本人の規範意識や労働観などに支えられている側面もあるだろう。それも一種の〝ガラパゴス〟化と言える。だが、そうした国民一般の価値観まで日本と同一であることを前提にすると、日本の新幹線システムを導入できる余地があるのは、日本に似た地理的、気候的環境の中で、日本式の徹底した安全確保策を鉄道員と乗客の双方が日常的に遵守でき、かつ、世界最高レベルの厳格さを誇る定時運行システムをきちんと運用できる国民性の存在が認められる国のみ、ということになる。現実には、そのような特殊な国は極めて限られてしまう。

価格の高さとアメリカへの売込み

しかも、基本設計としては在来線との直通運転を想定せず、高速鉄道専用のシステムとして完結しているため、在来線との互換性・汎用性に欠ける。それでいて、多額の費用をかけて専用路線を造っていることから本質的に高コストであり、インフラの一部を切り売りすることもできないため、建設や開業後の運用・保守に要する費用の総額が高いという

フランスの高速列車・TGV（マルセイユ・サン・シャルル駅。著者撮影）。先頭部の「inOui」（イヌイ）は、2017年に登場したTGVのブランド名

批判もある。

高速鉄道の分かりやすい指標として列車のスピードを比較してみると、開業時から長らく世界最速を誇り、時速２１０キロで運行していた新幹線は、１９８１（昭和56）年に登場したフランスのＴＧＶ（時速２６０キロ）にスピード世界一の座を奪われた。その後、２０１３（平成25）年に東北新幹線Ｅ５系が時速３２０キロ運転を始めてＴＧＶと並んでいる。

だが、中国では２０１７（平成29）年から高速鉄道「復興号」が世界最速となる時速３５０キロで営業運行している。２０２３（令和５）年現在、北京〜上海間１３１８キロの最速列車は所要４時間18分。２０３０（令和

12）年度末に延伸が予定されている北海道新幹線の東京〜札幌間は、北京〜上海間より約３００キロ短い１０３５キロだが、予定されている所要時間は約４時間半である。途中に速度制限がかかる青函トンネルを挟んでいるハンデがあるとはいえ、「高速鉄道」の実績として、中国に比べて見劣りがすることは否めない。長距離になればなるほど、所要時間の差は開くことになる。

　これで日本の新幹線より中国の高速鉄道の方が低価格、しかも現地の既存路線の状況に合わせた汎用性もあるということになると、単純比較では日本の方が不利であろうことは容易に想像がつく。

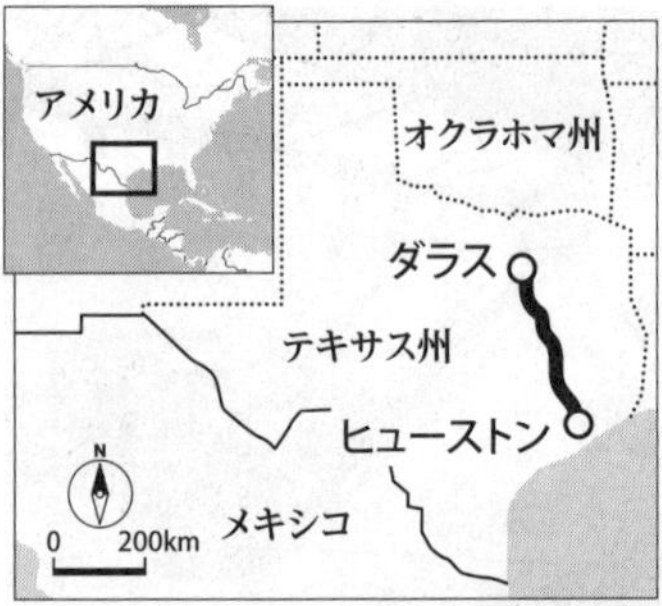

アメリカ・テキサス州の高速鉄道計画線。「テキサス・セントラル・レイルウェイ」として新幹線方式での建設が計画されている

　このような状況で、インドとは別に新幹線方式の有力な輸出先として見込まれているのがアメリカである。テキサス州北部のダラスと南部のヒューストン間３７９キロを90分で結ぶ高速列車を、ＪＲ東海が保有する東海道新幹線のシステムによって運行するための専用新線を建設する計画が、

2026年頃の開業を目指して少しずつ進んでいる。アメリカなら日本式の安全確保策が認められれば、少々高いシステムでも購入する資力はあるし、自動車大国ゆえに在来線の鉄道網が未発達なので、高速鉄道を造るなら新幹線方式には不可欠の専用新線を建設する必要がある。

先を見据えてみれば、新幹線方式による高速鉄道の仕組みがアメリカで受け入れられ、開業後の〝テキサス新幹線〟がアメリカ初の旅客専用高速鉄道として無事に定着すれば、広大なアメリカ国内の他地域、及び他国への新幹線方式への売込みに相当な好影響を及ぼすことは容易に想像できる。「インフラシステム海外展開戦略2025」にも「米国におけるインフラ整備の政策的位置づけは高く、（中略）新幹線プロジェクトの戦略的重要性を引き続き訴えていくことが必要」と記されていて、アメリカへの新幹線売込みを日本政府として支援していく政策的意思が明確に示されている。

都市鉄道で生み出された対外統一規格

官民一体で海外へ展開する日本の鉄道システムとしては、高速鉄道だけでなく都市鉄道も重要なコンテンツとなっている。「インフラシステム海外展開戦略2025」では、環境

日本式の都市型鉄道システムを導入したバンコクのパープルライン（2019年。撮影：白川淳）

バンコクの都市鉄道路線図。ブルーライン（二重線）のバンスー～フアランポーン間（東半分）とパープルライン（太線）の全線が円借款によって建設された

変化を踏まえた重点戦略の一つとして「脱炭素社会に向けたトランジションの加速」が掲げられており、その具体的施策の中に「展開国における移動手段の転換を図り、深刻な交通渋滞の緩和やＣＯ$_2$の排出削減に貢献できるよう、都市鉄道や路線バスネットワーク等の公共交通システムの整備を支援する」という項目が見られる（「トランジション（transition）」とは「転換」「変化」「移行」などの意）。

タイの首都・バンコクで２０１６（平成28）年に開業した高架式の都市型鉄道「パープルライン」は、日本式都市交通システムを海外に展開させた近時の好例としてしばしば取り上げられる。

かつて「世界最悪の交通渋滞」などと呼ばれたバンコクでは、渋滞緩和や温室効果ガスの排出削減などを目的として２００４（平成16）年に初の都市型鉄道となるＭＲＴ（Mass Rapid Transitの略。通称「バンコク・メトロ」）が開業していた。ただ、最初の開業路線（ブルーライン）は日本の円借款で建設されたにもかかわらず、車両などはドイツのシーメンス社が受注したため、日本のインフラ輸出支援が不十分だったのではないか、などと問題視された経緯がある。

そのＭＲＴで２路線目となるパープルライン（最初の開業路線はブルーライン）にＪＲ

東日本グループの車両メーカー（総合車両製作所）製の車両が導入されるとともに、ＪＲ東日本が丸紅・東芝と共同で設立した現地法人を通じて、車両や地上設備のメンテナンス業務に参画している。日本の鉄道事業者が海外の都市鉄道で車両製造から保守請負まで担うのは、このパープルラインが初めてである。

この現地法人には日本から派遣された技術者が現地社員への教育訓練を実施するなど、タイにおける人材育成も行われている。車両や設備、あるいはそれに関する技術だけでなく、安全で正確な運行を支えるための考え方やそれに基づく行動なども伝承しようとするところには、ビジネスの域を超えた、日本らしい技術協力の要素も感じられる。

他にも、新幹線輸出で中国に敗れたインドネシアで、２０１９（平成31）年に開業した首都ジャカルタの都市高速鉄道（ＭＲＴ）は、建設工事、車両製造から運行システム、運営の支援に至るまで日本の企業連合が受注した。日本の都市鉄道システムが〝オールジャパン態勢〟で東南アジアへ輸出された初の案件である。市内の交通事情の改善が鉄道建設の目的だが、中国式の高速鉄道がジャカルタで開業してＭＲＴとの相互利用を促すような連携関係が築かれれば、「メイド・イン・チャイナの高速鉄道以上に大きな利益を生む可能性もある」との指摘もある（小林邦宏『鉄道ビジネスから世界を読む』集英社インターナショナル新書、令和4〔2022〕年)。

このジャカルタへの都市鉄道に投入された新型車両は、ストラシア(STRASYA〔STandard urban RAilway SYstem for Asiaの略〕)と呼ばれる、アジア向けの都市鉄道標準仕様に準じて製造されている。ストラシアは、日本の海外鉄道技術協力協会が中心となって2004年に策定された鉄道車両の標準仕様書で、編成や軌間(線路の幅)などの基本事項の他に、車両性能や電気系主要設備等に関する標準仕様も含まれている。インドネシア以外にも、これまでベトナム、バングラデシュ、フィリピンの都市鉄道で採用された実績がある。

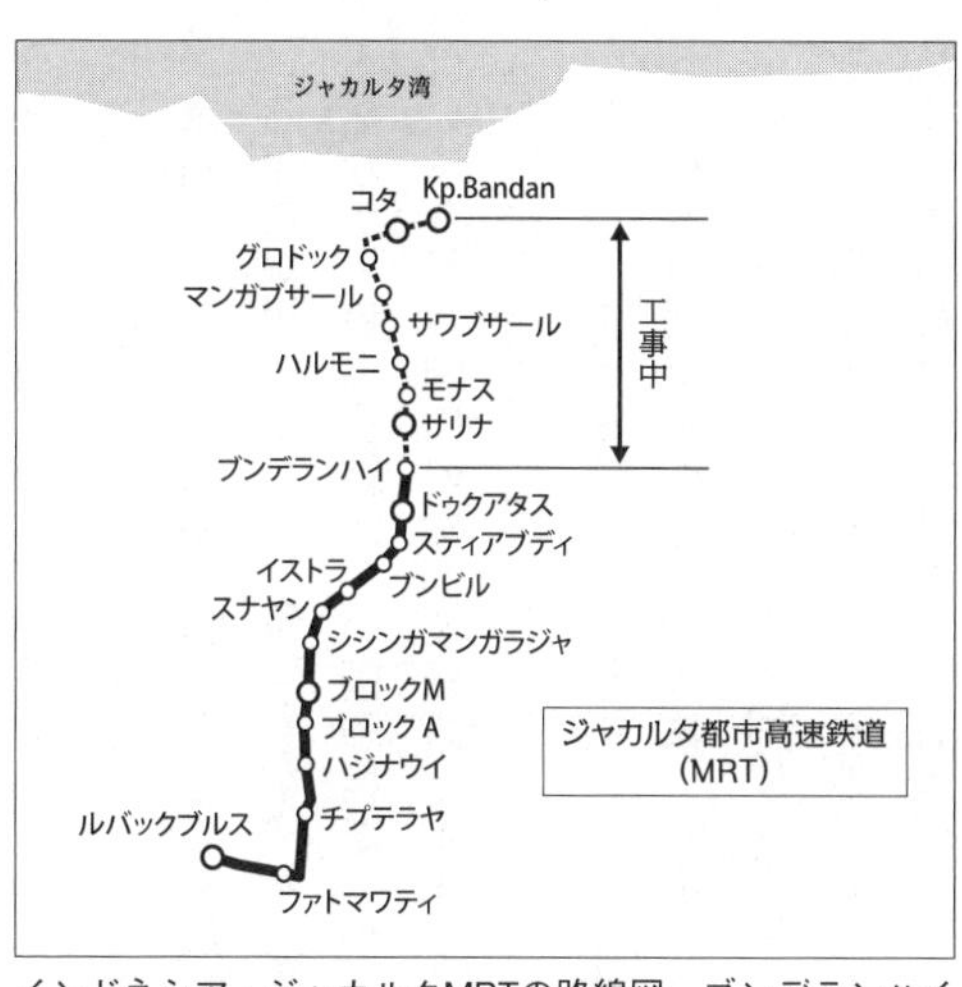

インドネシア・ジャカルタMRTの路線図。ブンデランハイ以南の区間は2019年に開業している

高速鉄道の海外への売込みに伴う問題

点として前述した日本の鉄道システムの〝ガラパゴス化〟は、都市鉄道の輸出においても同じような問題を生じさせている。

車両のサイズや線路、信号などの施設に関する国際標準には、ヨーロッパで採用されている規格が用いられていることが多い。新たに都市鉄道を発注しようとする国にとっては、当然ながら導入実績が多い国際標準、つまり欧州規格の方が選びやすい。そのため、日本はいくら日本国内の標準規格（日本規格）で鉄道技術を向上させても、それを海外に売り込むには欧州規格にアレンジしなければならず、それだけでハンデになってしまう。

そこで、都市鉄道向けの車両について欧州規格へのアレンジという手順を省略できるよう、日本の鉄道技術をベースに、軽量・省エネルギー・省メンテナンスといった日本の鉄道の特性を活かして、アジア向けの標準規格を官民一体で策定したのがストラシアである。その名の通りアジア向けという地域限定の標準であって、ヨーロッパ中心の国際規格に対抗するまでには道半ばだが、日本の鉄道規格の〝ガラパゴス化〟という課題を克服しようとする策の一つではある。

こうした海外向けの統一標準規格を新たに作るなら、個々の民間企業だけで行うより、国が関わって一種の〝お墨付き〟を与えた方が、標準に対する信頼度が高まりやすい。それは、鉄道事業に対する、国家ならではの新たな役割と言えるかもしれない。「インフラシステム海外展開戦略2025」でも、鉄道に限らずインフラの海外展開のため、国際標準の策定過程への積極的関与や海外向け標準仕様の展開の重要性を強調しており、その具体的施策として「鉄道分野においては、国際標準化機関（ISO及びIEC）における国際標準化の取組を推進するとともに、我が国都市鉄道車両の標準仕様（STRASYA）のアジア諸国への展開を図る」との一文を明記している。

ちなみに、〝テキサス新幹線〟と並んでJR東海が力を入れているアメリカへの高速鉄道輸出が、ニューヨーク～ワシントン間を結ぶいわゆる「北東回廊」ルートへのリニアモーターカー方式の導入である。現在は高速鉄道「アセラ」で約3時間かかる両都市間が、リニア方式の新線を建設すれば約1時間で結ばれるという。両都市間をリニアで直結すれば巨大な経済効果が生まれて採算が取れる、という見込みが前提であるのはもちろんだが、「リニアには今のところ国際規格がないので、JR東海が策定する安全基準等がアメリカでそのまま適用される」ことによって、日本の規格が国際規格となることも視野に入っていると思われる。最初に実用化する規格がいかに重要であるかは、明治の初めに選択した狭軌がその後の日本全国の鉄道建設の基準となった史実を顧みれば自明であろう。

海外進出で再接近した政治と鉄道

東京駅構内には、「この鉄道は日本国民の叡智と努力によって完成された」という東海道新幹線の開通記念碑文が今も掲げられている。その簡潔な一文からは、「鉄道は国民自らが築き上げた共有財産である」という、鉄道に対する基本的な理念が読み取れる。

東京駅中央通路18番線19番線下通路に掲げられている東海道新幹線開通碑文（著者撮影）

明治以来、政府と鉄道はずっと一体的な関係にあった。東京駅の新幹線開通碑文は、それを端的に言い表したものである。だが、昭和末期に国鉄が民営化されたことを契機に、一時、国内では距離を置きつつあった。

それが、新幹線の海外輸出という新たな場面で官民一体が必須となるに至り、鉄道は政治の世界と再び接近。そんな時期に起こった東日本大震災をきっかけに、国内でも、災害からの復興支援という名目で政府による鉄道への公的関与度を高めようとする動きが起こっている。鉄道を独立採算の観点から捉えるか、人が移動する権利を保障するための公共サービスの観点から捉えるか、によって国家の鉄道事業のあり方は大きく異なるが、昭和末期にいったん前者へ傾いた日本社会全体の認識が、今また、後者へと揺り戻しかけているように見える。

それは、「鉄道は国民自らが築き上げた共有財産である」という意識が、ＪＲ化後も脈々と日本国民の間に静かに生き続けていたことの証とも言える。世界で１日に鉄道を利用する人のおよそ３人に１人は日本の鉄道を利用しているとされるほど、日本で暮らす人々の社会生活にとっての鉄道の存在感は、世界と比較しても飛び抜けて大きい。それゆえ、鉄道事業の経営形態がどう変化しようとも、舞台が海外へ拡がろうとも、日本の鉄道と政治の距離はつかず離れずを繰り返しながら、これからも長いお付き合いを続けていくのであろう。

主要参考文献一覧（刊行年順）

※定期刊行物は省略（本文中に引用したものを参照）。

参謀本部陸軍部『鉄道論』（参謀本部陸軍部、明治21年）
村井正利（編）『子爵井上勝君小傳』（井上子爵銅像建設同志会、大正4年）
鉄道省（編）『日本鉄道史 上篇』（鉄道省、大正10年）
鉄道省（編）『日本鉄道史 中篇』（鉄道省、大正10年）
鉄道省（編）『日本鉄道史 下篇』（鉄道省、大正10年）
大隈侯八十五年史編纂会（編）『大隈侯八十五年史 第一巻』（大隈侯八十五年史編纂会、大正15年）
鶴見祐輔『後藤新平 第三巻』（後藤新平伯伝記編纂会、昭和12年）
菊池寛『満鉄外史 前篇』（時代社、昭和16年）
原奎一郎（編）『原敬日記 第九巻 首相時代（下）』（乾元社、昭和25年）
日本国有鉄道総裁室修史課（編）『工部省記録鉄道之部 自巻一至巻三』（日本国有鉄道、昭和37年）
大野伴睦『大野伴睦回想録』（弘文堂、昭和37年）
田中時彦『明治維新の政局と鉄道建設』（吉川弘文館、昭和38年）
日本国有鉄道（編）『日本国有鉄道百年史 第1巻』（日本国有鉄道、昭和44年）
大野伴睦先生追想録刊行会編集委員（編）『大野伴睦―小伝と追想記―』（大野伴睦先生追想録刊行会、昭和45年）
日本国有鉄道（編）『日本国有鉄道百年史 第2巻』（日本国有鉄道、昭和45年）
日本国有鉄道（編）『日本国有鉄道百年史 第3巻』（日本国有鉄道、昭和46年）
日本国有鉄道（編）『日本国有鉄道百年史 第7巻』（日本国有鉄道、昭和46年）
日本国有鉄道（編）『日本国有鉄道百年史 第8巻』（日本国有鉄道、昭和46年）

主要参考文献一覧

日本国有鉄道（編）『日本国有鉄道百年史 第4巻』（日本国有鉄道、昭和47年）
日本国有鉄道（編）『日本国有鉄道百年史 第5巻』（日本国有鉄道、昭和47年）
田中角栄『日本列島改造論』（日本工業新聞社、昭和47年）
日本国有鉄道（編）『日本国有鉄道百年史 第9巻』（日本国有鉄道、昭和47年）
日本国有鉄道（編）『日本国有鉄道百年史 第10巻』（日本国有鉄道、昭和48年）
日本国有鉄道（編）『日本国有鉄道百年史 第12巻』（日本国有鉄道、昭和48年）
日本国有鉄道（編）『日本国有鉄道百年史 第14巻』（日本国有鉄道、昭和48年）
日本国有鉄道（編）『日本国有鉄道百年史 第13巻』（日本国有鉄道、昭和49年）
「鉄道人 佐藤榮作」刊行会（編）『鉄道人 佐藤榮作』（「鉄道人 佐藤榮作」刊行会、昭和52年）
宮脇俊三『時刻表2万キロ』（河出書房新社、昭和53年）
種村直樹『時刻表の旅』（中公新書、昭和54年）
宮脇俊三『最長片道切符の旅』（新潮社、昭和54年）
宮脇俊三『時刻表ひとり旅』（講談社現代新書、昭和56年）
長谷部秀見『日本一赤字ローカル線物語』（草思社、昭和57年）
宮脇俊三『終着駅は始発駅』（新潮社、昭和57年）
種村直樹『乗ったで降りたで完乗列車』（創隆社、昭和58年）
岩川隆『忍魁・佐藤栄作研究』（徳間文庫、昭和59年）
宮脇俊三『終着駅へ行ってきます』（日本交通公社出版事業局、昭和59年）
時刻表編集部（編）『ローカル線全ガイド 東日本』（日本交通公社出版事業局、昭和61年）
辰野町誌編纂専門委員会（編）『辰野町誌 近現代編』（辰野町誌刊行委員会、昭和63年）
山田栄三『正伝 佐藤栄作（上）』（新潮社、昭和63年）

山田栄三『正伝 佐藤栄作（下）』（新潮社、昭和63年）
有賀宗吉『十河信二』（十河信二傳刊行会、昭和63年）
原田勝正『日本の鉄道』（吉川弘文館、平成3年）
「戦後史開封」取材班（編）『戦後史開封』（扶桑社、平成7年）
NHK取材班『NHKスペシャル戦後50年その時日本は 第4巻 沖縄返還／列島改造』（日本放送出版協会、平成8年）
佐藤栄作『佐藤榮作日記 第四巻』（朝日新聞社、平成9年）
沢和哉『日本の鉄道こぼれ話』（築地書館、平成10年）
三宅俊彦（編）『改正「鉄道敷設法」別表を読む』（JTB、平成11年）
西澤泰彦『図説 満鉄「満洲」の巨人』（河出書房新社、平成12年）
高橋団吉『新幹線をつくった男 島秀雄物語』（小学館、平成12年）
原田勝正『日本鉄道史—技術と人間—』（刀水書房、平成13年）
梅原淳『新幹線の謎と不思議』（東京堂出版、平成14年）
岡雅行・山田俊明（編）『ゲージの鉄道学』（古今書院、平成14年）
伊藤隆・季武嘉也（編）『近現代日本人物史料情報辞典』（吉川弘文館、平成16年）
大東町（編）『大東町史 下巻』（大東町、平成17年）
齋藤雅男『新幹線安全神話はこうしてつくられた』（日本工業新聞社、平成18年）
青木栄一『鉄道忌避伝説の謎 汽車が来た町、来なかった町』（吉川弘文館、平成18年）
中村建治『メトロ誕生〜地下鉄を拓いた早川徳次と五島慶太の攻防〜』（交通新聞社、平成19年）
岡田秀樹（企画プロデュース）『幻の国鉄車両 夢の広軌化計画と未成の機関車・客車・気動車・電車』（JTBパブリッシング、平成19年）
碇義朗『「夢の超特急」、走る！ 新幹線を作った男たち』（文春文庫、平成19年）
今尾恵介（監修）『日本鉄道旅行地図帳 全線・全駅・全廃線 1号 北海道』（新潮社、平成20年）

主要参考文献一覧

今尾恵介（監修）『日本鉄道旅行地図帳 全線・全駅・全廃線 2号 東北』（新潮社、平成20年）
今尾恵介（監修）『日本鉄道旅行地図帳 全線・全駅・全廃線 4号 関東2』（新潮社、平成20年）
今尾恵介（監修）『日本鉄道旅行地図帳 全線・全駅・全廃線 7号 東海』（新潮社、平成20年）
三木理史『局地鉄道』（塙書房、平成21年）
小川裕夫『封印された鉄道史』（彩図社、平成22年）
片倉佳史『台湾鉄路と日本人 線路に刻まれた日本の軌跡』（交通新聞社新書、平成22年）
竹内正浩『鉄道と日本軍』（ちくま新書、平成22年）
猪瀬直樹『地下鉄は誰のものか』（ちくま新書、平成23年）
今尾恵介（監修）『日本鉄道旅行地図帳 東日本大震災の記録』（新潮社、平成23年）
ＡＥＲＡ Ｍｏｏｋ『震災と鉄道 全記録』（朝日新聞出版、平成23年）
阿部真之・岡田健太郎『中国鉄道大全 中国鉄道10万km徹底ガイド』（旅行人、平成23年）
佐藤芳彦『海外鉄道プロジェクト―技術輸出の現状と課題―』（成山堂書店、平成27年）
葛西敬之『飛躍への挑戦 東海道新幹線から超電導リニアへ』（ワック、平成29年）
佐藤信之『ＪＲ北海道の危機 日本からローカル線が消える日』（イースト新書、平成29年）
田中宏昌『南の島の新幹線―鉄道エンジニアの台湾技術協力奮戦記』（ウェッジ、平成30年）
川辺謙一『日本の鉄道は世界で戦えるか 国際比較で見えてくる理想と現実』（草思社、平成30年）
佐藤信之『鉄道と政治 政友会、自民党の利益誘導から地方の自立へ』（中公新書、令和３年）
小牟田哲彦『「日本列島改造論」と鉄道 田中角栄が描いた路線網』交通新聞社新書、令和４年）
小林邦宏『鉄道ビジネスから世界を読む』集英社インターナショナル新書、令和４年）
石井幸孝『国鉄――「日本最大の企業」の栄光と崩壊』（中公新書、令和４年）
佐藤信之『日本のローカル線 １５０年全史 その成り立ちから未来への展望まで』（清談社Ｐｕｂｌｉｃｏ、令和５年）

小牟田哲彦（こむた てつひこ）
昭和50（1975）年、東京都生まれ。早稲田大学法学部卒業、筑波大学大学院ビジネス科学研究科企業科学専攻博士後期課程単位取得退学。日本及び東アジアの近現代史や鉄道に関する研究・文芸活動を専門とする。平成28（2016）年、『大日本帝国の海外鉄道』（現在は『改訂新版　大日本帝国の海外鉄道』扶桑社）で第41回交通図書賞奨励賞受賞。著書に『旅行ガイドブックから読み解く 明治・大正・昭和 日本人のアジア観光』（草思社）、『宮脇俊三の紀行文学を読む』（中央公論新社）、『「日本列島改造論」と鉄道――田中角栄が描いた路線網』（交通新聞社新書）など。日本文藝家協会会員。

交通新聞社新書172
鉄道と国家
「我田引鉄」の近現代史　新装改訂版
（定価はカバーに表示してあります）

2023年7月18日　第1刷発行

著　者――小牟田哲彦
発行人――伊藤嘉道
発行所――株式会社交通新聞社
https://www.kotsu.co.jp/
〒101-0062　東京都千代田区神田駿河台2-3-11
電話　（03）6831-6560（編集）
（03）6831-6622（販売）

カバーデザイン―アルビレオ
印刷・製本―大日本印刷株式会社

ISBN978-4-330-04423-1